风靡韩国的第一教养说明书

做孩子最想要的父母

제대로 키워라

孩子的未来取决于父母教养的基因

〔韩〕柳朗道·著
朴娟娥·译

中国妇女出版社

图书在版编目（CIP）数据

做孩子最想要的父母 /（韩）柳朗道著；朴娟娥译
．—北京：中国妇女出版社，2014.1

ISBN 978-7-5127-0809-9

Ⅰ.①做… Ⅱ.①柳… ②朴… Ⅲ.①家庭教育
Ⅳ.①G78

中国版本图书馆CIP数据核字（2013）第283326号

做孩子最想要的父母

作　　者：〔韩〕柳朗道　著
译　　者：朴娟娥
责任编辑：王　琳
封面设计：汤月飞
版式设计：陈佳佳
责任印制：王卫东
出版发行：中国妇女出版社
社　　址：北京东城区史家胡同甲24号　　邮政编码：100010
电　　话：（010）65133160（发行部）　65133161（邮购）
网　　址：www.womenbooks.com.cn
经　　销：各地新华书店
印　　刷：三河市金元印装有限公司
开　　本：150×215　1/32
印　　张：7.75
字　　数：135千字
版　　次：2014年1月第1版
印　　次：2014年1月第1次
书　　号：ISBN 978-7-5127-0809-9
定　　价：35.00元

序言

父母期望的成功，孩子向往的未来

“什么，你要成为小提琴工匠？”

当儿子用无比坚定的语气和我说他自己的梦想时，我惊讶得一直在反复问儿子这句话。作为父母，我们对孩子的未来都曾有过设想。事实上，儿子很喜欢小提琴，初中的时候还报了一个课外班，而到了高中转学的时候竟然说要成为小提琴工匠。

“你能成为韩国最优秀的小提琴工匠吗？”

我问儿子的时候，他并没有马上给我一个肯定的答案。

“没有那种自信吗？老实说，小提琴可以作为兴趣，想拉多久就拉多久。现在，我还是希望你可以像其他孩子那样安分地学习。”

我也像大多数父母那样希望孩子可以考上名校，毕业后可以选择像医生、律师这样比较稳定的职业。作为一个父亲，我无法摆脱那种世俗的欲望，希望他可以考上人人都羡慕的S·K·Y大学（分别指韩国三大名校，即首尔大学、高丽大学、延世大学）。

但这只是父母的希望，孩子其实也有自己向往的未来。回想起来，作为父母，我好像很少帮助孩子为自己的梦想而努力。从那时开始，我一直在和内心中那个叫作“期待”的情绪做斗争。我一直认为父母应该帮助孩子实现自己的梦想，但是在面对自己儿子的梦想时，这种信念实现起来真的很有难度，因为我也只是一个普通的、爱子心切的父亲。

对于包括我在内的大部分父母来说，区分爱和贪念是一件非常不易的事情，但是为了孩子的未来，这又是一件不得不做的事情。我花费了很长时间领悟到了这一点。幸运的是，儿子理解了我这做父亲的心情，很快他又重新投入到了日常学习当中。但是，当我拿起儿子的期末考试成绩单时，我又不得不和儿子絮叨起来。

“我真的努力了，您也没有要求我一定要考多少分啊。”

因为对儿子成绩的失望，我说了儿子两句，结果儿子竟然这样回答我。对于一直想竭尽所能做一个好父亲的我来说，这真是一个不小的打击。儿子沉迷于网络游戏，把学习抛在一边，为此我和他进行了一次有深度的对话。对话的最后，儿子向我保证他会努力学习。儿子做出保证之后的第一次考试就考出这样的成绩，倍感失望的我大声呵斥了儿子。儿子委屈地说自己已经很努力了，只是结果不尽如人意。妻子也出面证明这段时间儿子的确不像以前那样沉迷于网络游戏，并且常常挑灯熬夜苦读。妻子的辩护让我无法再继续批评儿子。

事实上，儿子说的也没有错，因为即使儿子竭尽全力，成绩也有可能没那么理想。关键在于我对儿子过高的期待和儿子的竭尽所能之间的差距。因为彼此意识理念的不同，对于“竭尽全力”的理解也大相径庭。

从此，我决定在和孩子交流时，一定要提出具体的标准。于是，我开始和孩子进行“数字性”的谈话。我制作了一个“家庭能力评价表”，用具体的数字代替过去那种“早点儿回家”“好好听话”等这类比较抽象的表达方法，像公司一样采用简单的人事评价方式，在每个月中旬进行一次评价和谈话，每半年还会进行一次具体的反馈，并且和家人一起分享评价结果。家庭成员这一年所要遵守的行为准则明确后，父母也不用过多地干涉孩子，孩子也知道自己应该做什么，也不用看父母的脸色，自主能力也渐渐提高。

很多个人和企业会向我咨询或者来听我的讲座。我常常会听到“怎样可以提高工作效率”“怎样才能让员工做出成绩”等问题。提高工作效率、做出成绩的秘诀并不是公司的培训、领导的命令，或者是某种运营系统，而是员工对自己所要完成目标的认知程度，以及完成这个目标的动机。关于这一点，我在每一次讲座上都会对公司的中层及中层以上的管理人员特别强调，因为怎样使员工获得成就、怎样给员工赋予动机，取决于这些管理人员怎样指导员工。

父母的作用也是如此。我想大多数父母都会有这样的疑问，“怎样才能让孩子学会自主学习”“孩子成绩总是下降，怎样提高孩子的成绩”等。父母的引导，决定孩子能否德智体全面发展。一个领导者应该让员工更好地工作，父母则需要让孩子更好地成长。一名员工在一家公司里会随着业绩的增长而一步步升职，而一个孩子也会这样循序渐进地一步步长大。就像一个领导教导员工追寻工作的目标一样，父母如果也能教导孩子追寻人生的目标，那么孩子的自主成长绝非一件难事。

我不是一个教育专家或者心理学家，我只是一个思考型的企业运行咨询顾问：思考怎样才能培养企业和领导者所需的人才；怎样才能让员工在自己的岗位上更加幸福愉快地工作，进而提高工作效率和成果。

父母培养孩子，让孩子的人生充满梦想，这一原理和企业领导者让员工获得成就是一样的。什么是父母的成就？什么是父母想要实现的？那就是将孩子培养成独立自主的完整的人。带着一种为人父母的使命感，引导、帮助孩子自己设计自己的未来，才能将孩子培养成社会所需的人才。

这就要改变父母原有的教育方法，因为光凭心态是无法更好地教育孩子的。现在，为了更好地教育自己的孩子，父母也需要一个有针对性的教育战略。没有战略的父母只能徒劳或者只能导致孩子站在对立的一面。父母和孩子本应相亲相爱，现在却要以压迫和轻蔑来对待彼此，这都是因为没有战略。因此，父母只有制订了一套出色的战略，才能更好地教育孩子。

很多父母都会用别人的成功定义来要求孩子，并将这种成功强加给孩子，让孩子树立一种意识，使他们认为只有成为大学教授、医生、法官、企业CEO等才能算是拥有成功的人生。这并不是培养孩子的梦想，而是制定孩子的梦想。

英国唯美主义艺术运动的倡导者、诗人奥斯卡·王尔德曾说过："要成为你自己，别人的位置都已经坐满了。"要引导孩子成为一个独一无二的人，关键是在孩子发现自己的能力，并以此来成长为社会可用之材时，才能达到的。成功者的数量应和世界人口相等，即有多少人就有多少成功者，而不应仅限于那些所谓成功的只占人口1%的个别人，因为拥有自己所定义的幸福，实现自己所追求的梦想就是成功。

希望这本书可以帮助那些担心孩子未来的父母更好地教育孩子，让孩子成为在竞争中懂得体恤落后者的善良的人才，让孩子成为为目标不懈努力的人才，让孩子成为学会与他人共同生活的人才，让孩子成为出色地完成自己所制订的人生目标的人才。如果想更好地教育孩子，父母就必须摒弃过去错误的认识和方法。希望父母们可以正确地扮演自己的角色，履行自己的职责，为培养自主开辟人生的社会栋梁而努力。

柳朗道

目录

Chapter 3

告别自己的私欲

Chapter 4 父母的职责发生改变

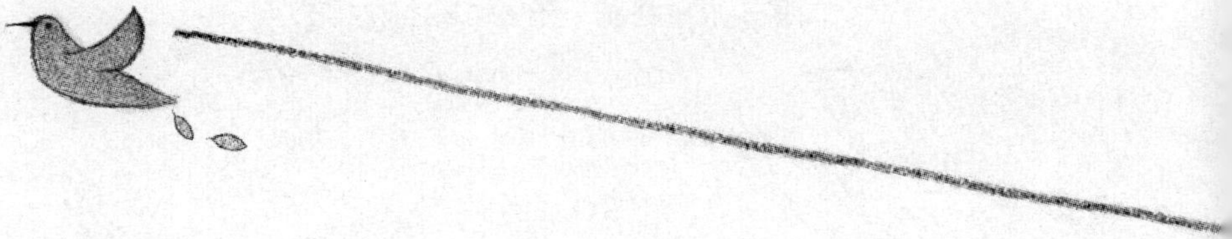

CHAPTER 1

迷失方向的孩子

人类有史以来从未出现过的崭新的存在、全世界70亿人口中独一无二的存在、今后也不可能再出现的珍贵的存在。这种存在是谁呢？这就是我们自己，这就是我们的孩子。父母一生都在为孩子奉献，但是不是说生下孩子后每个人都能成为尽职尽责的父母？有人说孩子出生的那一刻，父母就诞生了。不过孩子要经历无数次的跌倒和站立，才能学会走路，而父母则要经历无数次的错误实践和尝试，才能承担起父母的责任，体会到角色的精髓。不只有孩子需要成长，父母在照顾孩子的过程中所要履行的职责和方法也要提高。

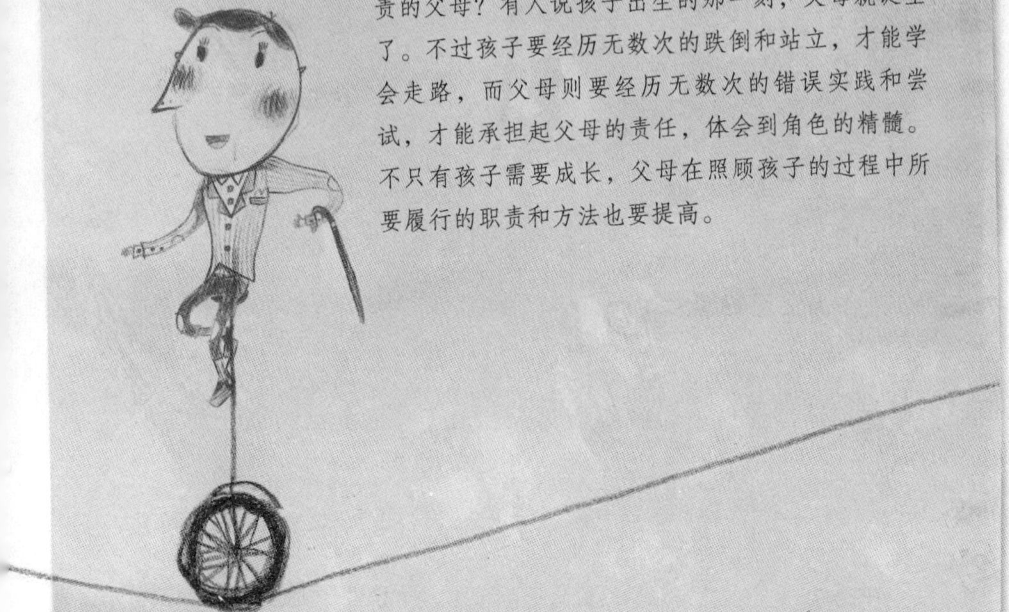

做父母也需要战略

要想做好父母，尽好自己的责任，就要先系统地了解父母应尽的责任。很多父母会投入大量的金钱和精力去拓展自己作为父母的能力，像电脑、外语、理财、美容、保健，等等，但是在真正需要学会的承担父母的责任和义务这个领域，却没能付出相同的努力。相对于考虑自己的责任和义务，父母们更热衷于自己的兴趣。

很多准父母或者孩子较小的父母比较关注怎样生一个健康的孩子，怎样能让孩子健康成长等问题。最近，商家也针对父母这种“要给孩子最好”的心理推出了琳琅满目的商品。那种昂贵的进口婴儿车，已经火到有钱都难以买到的程度。现在的育儿用品好像越贵销量越好，所以不能给自己的孩子提供这些优质的物质支持，使得越来越多的父母感到悲观或者深陷愧疚。我不是不能理解“想为孩子提供最好的”这种心理，但是让我感到遗憾的是，父母对孩子的这种爱正逐渐演变成一种炫耀和炫富的消费意识。

这种父母确实有问题，但是那些对父母应履行的职责和义务没有任何认识就成为父母的人有更大的问题。这些父母还没有学会怎样让孩子自立自主，也没有认识到父母为了孩子的幸福应该起什么样的作用。要知道，我们无法一辈子都陪着孩子，无论你能否接受，总有一天我们都需要面对和孩子的分离。但是当我们面临离别的时候，孩子和父母是否已经足够成熟，成熟到正确履行了自己的职责，圆满地完成了自己的义务呢？一辈子生活在父母羽翼下的孩子，当有一天父母无法再照顾他的时候，他真的能够出色地过完自己的余生吗？

我们在《动物世界》中，经常看到雌鸟会从雏鸟出生的那一刻就开始训练它独自生存的能力。人类也一样，父母要有意识地培养孩子独立自主的能力。父母真正要做的，是让孩子学会不依靠父母而成为社会的一个个体，并且能克服环境的变化而独立生活的方法。一直以来，我们只是凭借不成熟的经验将父母的职责和义务用在孩子身上，但是从现在开始我们要成为培养孩子身心都能健康成长的父母，我们要循序渐进地了解正确的父母职责，并一步一步实现它。

那些成功地培养出孩子独立自主能力的父母，会教导孩子学会制订人生目标与达成这个目标的方法。成功的父母和失败的父母之间的差异，就在于是否培养了孩子独立自主的能力。那些教会孩子独立思考、自主生活的父母清楚地认识到，父母并不是替孩子解决问题的执行者，而是帮助孩子独立思考、行动、做决定的助力者。

因为父母的欲望而身心俱疲的孩子

无限竞争——大部分的父母都能深切体会到，要想在社会上生存，就要通过激烈的竞争让自己变得更强。父母会将这种心理投射到孩子身上，竭尽全力将孩子培养成一个更强大的人。

“我的孩子怎样才能在竞争激烈的社会上生存呢？”

父母为了解决这样的苦恼，在孩子身上进行了高昂的投资，报课外班、教孩子护身术、为学校提供赞助，还会帮助孩子搞定社会服务加分，更有甚者还会帮孩子交朋友。父母的这种良苦用心其实包含着对自己的一种补偿心理：因为不想让孩子和自己一样在成长过程中留下遗憾，而极力想培养孩子成为绝对的强者，减少孩子可能会遇到的困难。

与父母的这种努力相反，现在的孩子看上去比过去更脆弱。和父母的期望不同，现在的孩子比父母那个年代的孩子更软弱。身高、体重、胸围等体格方面虽然比过去发育得更好，但是内力却严重不足。更严重的问题在于，现在的孩子在精神方面显得特别脆弱。韩国统计厅公布的“各年龄段自杀率报告”显示：2009年韩国10岁以上青少年自杀率和1998年相比增长了27%；10～20岁青少年死亡原因中占第一位的就是自杀。这是很严重的问题。

问题不仅限于自杀，现在的孩子不懂得在和朋友发生矛盾的时候应该怎样解决。孩子遇到困难首先想到的并不是怎样去战胜这种困难，而是怎样去回避。这是因为，大多数时候，父母等不及孩子自行解决这种困难，就已出面为孩子解决。父母以为这会让孩子变得更强，但实际上却让孩子变得更软弱。

父母将孩子视为自己的所有物，这是在动摇孩子的自信；父母在和孩子相处时占绝对主导权，这压得孩子喘不过气来；父母只在意别人的眼光，而无法读懂孩子的心思，这让孩子倍感失望。父母满足于为孩子提供最好的条件，但是却偷走了孩子的独立性。孩子继承了父母对金钱的欲望和对权利的绝对信仰，久而久之就会将那些比金钱更珍贵的东西抛在脑后。在父母呐喊着“一定要争第一”“一定要赢过别人”的时候，孩子却只能躲在角落里呻吟。

父母想将孩子培养得更强大的欲望让孩子身心俱疲，同样也给父母自己带来了伤害。那么有没有什么方法可以把孩子培养成能独立自主地在社会上生存的人呢？

让孩子变强的三种方法

培养孩子变强的方法有很多，但是首先要做的是改变父母的认识、职责以及方法。

第一，要正确认识孩子的现状。治病最关键的是诊断。真正为孩子考虑的父母，最应该做的就是认真地观察孩子的现状。通过细微的观察和关注，正确认识孩子身上的问题，并从中深刻意识到孩子的问题不是源于孩子自己，而是源于父母的贪念。

第二，要正确认识父母的任务和职责。想正确履行如此艰巨的任务，就要先正确认识父母应该为孩子做什么。就如同如果想在社会工作中取得成就，最重要的就是正确认识职责一样。绿茵场上的足球运动员如果不知道自己的位置，不知道怎样防守，就无法取得比赛的胜利。同样，父母也要正确认识自己的任务和职责，让自己重新找回正确的方向，回到正确的位置上。

第三，改变开发孩子梦想和潜力的方法。改变了过去片面的认识，改变了任务和职责，就更应该改变实践的方法。如果曾经教孩子选择更宽更近的道路，那么现在就要改变方式，引导孩子寻找虽复杂却更容易成功的道路，不要妄想用以前的教育方式让孩子发生改变。

对问题的正确认识、父母的职责和任务，以及实践这些的方法，这三个方面都发生改变时，父母才能在孩子的教育上取得成功。要认识到孩子的问题是出自父母，而要想消除出自父母的这些不良因素，就要重新寻找父母应承担的任务和职责，要用和以往不同的方式开发、引导孩子。

父母让孩子很受伤

在老一辈的眼里，现在的孩子身上净是“毛病”。听说在古罗马城市庞贝发现了类似“现在的孩子真没礼貌”这样的壁画。这可以看出无论空间和时间怎样变化，在老一辈的眼中孩子身上总是有很多不足。无论是出于对孩子的关心，还是试图用自己的标准严格要求孩子，反正只要父母从孩子身上发现了一点儿不足就试图改变它。

“没有礼貌”“没有热情”“不懂得省钱”“就知道玩游戏”“不知道孝敬父母”“爆粗口”“没有自信”等，如果真的让父母指出现在的孩子身上的缺点，不少父母恐怕能挥毫泼墨，写出一两张纸。

无论这只是一直存在于两代人之间的代沟问题，还是存在于现在孩子身上的特性，可以肯定的一点是，生活在21世纪的青少年身上确实存在着诸多问题，而在教育孩子的过程中，父母最先要做到的就是正确而细致地观察这些问题。

有的父母认为，孩子身上出现的问题已经是覆水难收了；也有父母会暗自庆幸，认为“我家孩子还不至于如此”。但是想要解决问题，认清现实是最重要的。要想正确认清现实，就要厘清这些复杂问题之间存在的根本原因，再对这个原因进行分析。

身体出现问题时，医生会对所有的症状进行观察，再寻找这些症状的共同原因，然后从根本治疗疾病。相同原理，我们也要先了解孩子身上发生诸多问题的根本原因，这比对所有问题一一进行解决更有效，因为这是降低问题发生的可能性的最好方法。

没有梦想的孩子

现在的孩子身上出现问题，大部分是因为没有梦想。孩子不知道以后要做什么，也少有孩子会想以后过怎样的人生。说得再严重一些，现在的孩子没有梦想，而且越是优等生越不会认真思考自己今后的方向。即使是有梦想的孩子，其梦想听起来也是过于现实，或者过于朴素。我甚至听到过小学低年级的孩子说他的梦想是接管爷爷的企业。当然，我并不是认为这样的想法是错误的，我只是觉得孩子应该怀揣远大理想，不应在放眼未来的年纪用过于现实的梦想扼杀了自己将来成功的种种可能性。

父母应该努力引导孩子寻找自己的梦想。威廉·达蒙教授30年来一直在致力研究人类发育问题。他认为，“区分人成功与否最重要的因素是生活有没有梦想和目标”。换句话说，对于孩子，梦想是最重要的。但是，很多父母将自己的梦想强加给了孩子，而很多孩子又错误地认为这就是自己的梦想。“有些父母连梦想都想替孩子决定”，像赵璧教授所说的，事实上，很多孩子错误地认为父母强加的梦想就是自己的梦想，或者认为按照父母的指示做就是正确的。我偶尔也会见到有自己梦想的孩子，他们看似对理想和目的有着自己的想法，但是也仅此而已，很少能看见有孩子对自己的未来有更深的认识和明确的目标。现在的孩子身上产生问题最核心的原因就是压根没有梦想，或者只是借用他人的梦想，又或者只是虚无缥缈地拥有梦想。

没有梦想是多么可怕的事情啊！还有什么比没有任何希

望更让人感觉似掉入谷底呢?

失去属于自己的、惊天动地的、巨大的、不能和任何东西交换的、让人振奋的梦想，这样的孩子充斥着学校、图书馆以及辅导班。很多孩子将失去梦想的失落隐藏在内心深处，只是埋头于各种试题和参考书，连思考自己未来的时间都没有，甚至会因为不明原因的失落感和无法宣泄的不满而误入歧途。

事实上，孩子的梦想被剥夺并不是某一个人的责任。将孩子的梦想连根拔起、造成孩子身上诸多问题的罪魁祸首不是别人，就是父母、学校以及社会环境。复杂的社会环境、无法担负责任的学校、只把学生看作是赚钱机器的各种补习班、只想用一个保守的方法控制孩子的父母，没有一方可以逃避责任。

但是还有一点我们一定要记住，改正那些无法控制的或者很难控制的因素固然重要，而竭尽所能地改善那些可以自行解决或者改正的部分更重要。所有问题都要结合外部环境和内部因素来解决。当然社会文化和教育机制这一外部环境会产生很大影响，而且父母在这种环境下能为孩子做的努力是有限的。但是就像农夫不会因为天气原因而放弃思考怎样种好农田一样，父母也不能因为环境而放弃克服困难的努力，因为只有这样，孩子才会为我们展现更美好的未来。

父母剥夺孩子的梦想

《旧约》中有一个故事，这个故事是关于先知摩西的。摩西带领在埃及过着奴隶生活的希伯来人到达了新的土地。摩西出生那年，埃及法老下令，所有新出生的希伯来男孩都要被杀死。危难时刻，摩西的母亲约基别想尽各种办法隐藏这个孩子。但是几个月后，她已经没有办法再继续隐藏了。于是她取了一个蒲草箱，抹上石漆和石油，把孩子藏在箱子里，放在了尼罗河中。为了孩子的将来，她选择了和孩子分别。在没有任何办法的最后一瞬间，她选择了可以救孩子的最佳方法。而这个孩子正好被在河边洗澡的法老的女儿发现，她将摩西当成自己的儿子来抚养。摩西长大后成了最伟大的先知。

危险激烈的环境肯定会成为我们养育孩子的障碍。在我们周围也有虎视眈眈想要剥夺孩子梦想的危险存在，但是也不能因为这样而一味地怨天尤人。我们应该修正那些错误的教育理念，也要为改正这些错误而竭尽所能，但是最迫切的还是保护孩子。

不能一味地怨社会、怨学校、怨教师、怨别人，而放任子女深处于危险之中。孩子不停地成长，而外部环境不断地发生变化。为了拯救我们的孩子，父母应该找出一个最佳的可行方案，然后去实现它，并承认作为父母，自己没能充分尽到职责。

孩子身上的问题绝大部分来自父母，因为孩子就是父母的镜子。教育专家指出，问题青少年背后总会有问题父母，所以无论孩子身上的问题是大是小，相当一部分原因都是出自于父母。剥夺孩子的梦想、给孩子带来伤害的其实就是父母。

父母正在用五种方法剥夺孩子的梦想：

第一，父母强求孩子的梦想。父母用自己的梦想代替孩子的梦想，继而剥夺孩子的梦想。那些将父母的梦想刻在内心深处的孩子，其实根本就没有属于自己的梦想。父母觉得自己做到了和孩子平起平坐，但是孩子却无法和父母平起平坐。想通过孩子完成自己没有完成的梦想，最终会让孩子的梦想变得虚无缥缈。

第二，父母让孩子的梦想变得单调。有些父母会用现实的尺度随意衡量孩子的梦想：向那些梦想成为歌手的孩子描述成功的概率有多么小，强求孩子放弃梦想；向梦想成为诗人的孩子说不切实际，劝说孩子选择其他梦想。不现实的梦想当然是有问题的，但现实并不能成为评价梦想的绝对标准。孩子相比于大人当然会有些不切实际，但强迫孩子面对现实，就等于限制了孩子做梦的权利。很多父母将现实作为一种不得不遵守的标准，来限制孩子的梦想。父母的这种态度同样是在剥夺孩子的梦想。

第三，用金钱来衡量梦想。还有一些父母会用金钱的尺度来衡量孩子纯真的梦想：用能否赚钱来评价；让梦想成为幼儿园老师的孩子选择更能赚钱的大学教授作为梦想；对想要做扶贫帮困工作的孩子说生活富有之后再去做也不迟。金钱当然也是职业选择的众多标准中的一项，不过父母不能过早地将自己所认识的金钱观灌输给孩子。

第四，希望孩子的梦想失败。有些父母不是为孩子建立梦想，而是扼杀了孩子的梦想。没能成功剥夺孩子梦想的父母，会对孩子追梦的失误和挫折幸灾乐祸。可即使是不被父母认可的梦想，对孩子来说也是极其珍贵的。孩子无法满足父母的期待，父母当然可以对此表示不满。但是没有竭尽所能为孩子树立新的梦想，只是希望孩子的梦想尽早破灭，以此让孩子尽早认清事实，这种做法是不正确的。父母应该像使庄稼丰收的农夫一样，帮助孩子的梦想开花结果。出自真心地帮助、鼓励孩子实现梦想，才是父母应担负的职责。

第五，父母自己没有梦想。父母没有自己的梦想导致孩子的梦想被剥夺，造成孩子的心灵受到伤害。一味地教育孩子盼望更好的人生、更好的工作，但是父母自己却不知道什么样的方式才能通往幸福；父母没有任何梦想和希望，但是却要求孩子怀揣伟大的梦想。

问问自己，作为父母，我们有什么样的梦想呢？这个梦想有多大的价值和意义呢？这样的价值和意义是仅限于我和我的家人，还是可以延伸到社会范围内呢？没有梦想的父母无法为孩子树立梦想，只有虚幻梦想的父母无法教育孩子拥有一个明确的梦想。因此，篡夺孩子美好梦想的正是作为父母的我们，而将孩子怀揣的梦想变得模糊不清、让孩子心灵受到伤害的也是我们这些父母。

想一想怀上第一个孩子的时候，父母都会因小生命的出现而感到惊奇，都因感恩而激动不已。他们会去找育儿专家，看育儿书籍，尽量想、尽量看那些美好的事物。预产期临近，他们会又期待、又紧张，在心里一遍又一遍地默念要做一个好父母。很多人在成为父母之前会倾注所有，但是成为父母之后的努力却略显不足。和绞尽脑汁想着怎样做好胎教不同，孩子出生后应该怎样更好地教育，有些父母就显得不太关心了。

作为父母，我们应该更加努力地去思考怎样才能更好地教育孩子。

CHAPTER 2

怎样爱

即便是同一天买来了价格一样的花，也会因为栽培方法的不同而开出不同的花朵。按时浇水，按时擦洗叶子，按时晒太阳、通风，被悉心照顾的花一定会茁壮成长。但是水浇得太多或者太少、日晒和通风没有调节好的花，就会很快枯萎。

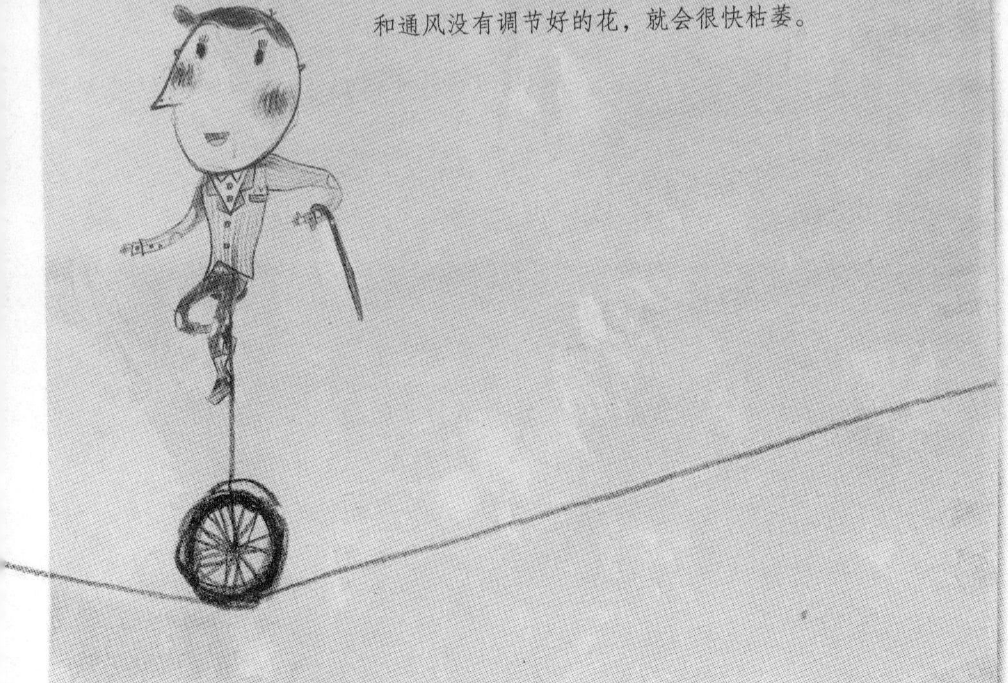

普通父母vs优质父母

“父母”这个称呼是随着孩子的诞生而出现的。这句话听起来有些理所当然，但是为人父母真的是一件不容易的事情。虽然一对男女从相识到结婚也会历经艰辛，但是生儿育女更加艰难。“父母”这个名字承载了太多的责任，父母所要承受的问题和困难会接连不断地出现。所以，就像乔治·伯纳德·肖所说的那样，父母不仅仅是一个称呼，更是一份职业。

父母是一份非常重要的“职业”，但是迄今为止，没有人为了孩子而做职业能力测试。

每个人都会在社会中起到一定的作用、创造一定的价值、获得一定的地位，并以此实现自我。而这个作用就是工作。一般来说，为了获得一份工作，人们会经历从小学到大学十几年的学习和准备，有时甚至还需要考取硕士、博士。很多人会提前测试自己适合什么样的工作，考虑要不要选择这种职业，而且在现代社会，即使找到了一份工作，如果不能持续地进行自我发展，也很容易遭到淘汰。

但是为了父母这份工作，我们付出了多少努力，准备了多长时间呢？我们没有接受任何测试，测试我们是否适合父母这个工作。每个人都理所应当地认为，到了适当的年龄都要结婚、成为父母，所以从来没有想过自己是否适合父母这份工作。

父母这份工作是很重要的。虽然每个人都能成为父母，但是不是所有人都能成为好父母。要想成为好父母，就要事先做好充分准备。我们有必要去思考，为了做好父母这份工作，我们花费了多少心思，而现在的我们又是什么样子。

你有做父母的资格吗

很多研究证实，无论是肯定的还是否定的，父母对孩子的成长有着很大的影响。父母扮演了什么样的角色、起到什么样的作用、怎样教育孩子等，都会影响孩子的性格和行为。

那么，什么是父母的任务和父母应该扮演的角色呢？父母在孩子的成长过程中应该履行为孩子提供适宜环境、通过各种不同的经验引导孩子更好发展的职责。生下孩子只不过是父母使命的开始，引导孩子，让孩子可以独立自主，成为自己人生的主体，父母才算完成了自己的使命。

世界在不停地变化，变化的速度也越来越快。数字技术的发展，以及这种发展带来的快节奏生活，常常让我们感到眼花缭乱。在快速发展、不断变化的环境中，正确扮演父母的角色变得更加困难。当然，即使社会快速发展，也有很多责任是一成不变的。父母应该爱护孩子，抚养孩子，教育、引导孩子，这是从古至今都没有改变的。无论是要靠两条腿才能为邻村的朋友传递信息的古代，还是科技高速发展到可以和地球那一边的人随意交流的现代，父母所要扮演的角色都不曾改变。

但是在父母的作用中也有一部分是需要跟着环境的变化和文化的变革而发生改变的。因此，最重要的是要正确地区分不应改变的和应该改变的，要正确认识怎样根据时代和环境的改变做好父母这份工作。

—父母职责重要程度的变化—

父母的职责大致分为六种：帮助孩子实现自我，给予孩子关怀，保护孩子的安全，帮助孩子树立正确的判断能力，培养孩子的社交能力，提供适合孩子的衣食住行。问卷调查机构mbrain对1000名父母进行了问卷调查，旨在弄清父母以前和现在认为这六种职责中哪一个比较重要。

{父母职责的重要度}

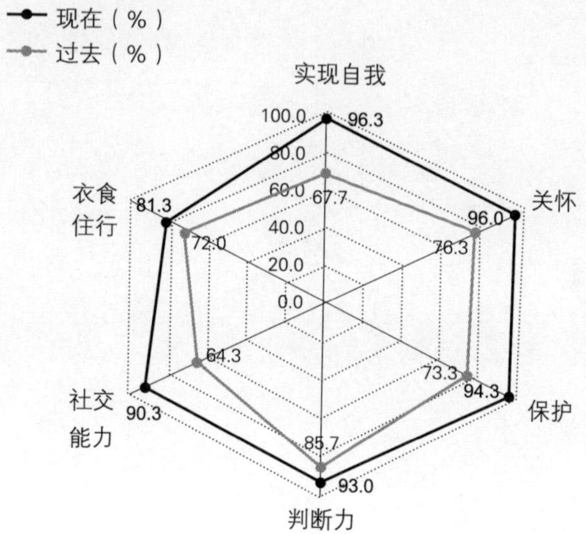

从图表中我们可以看出，现在的父母认为在所有层面上父母都要比过去发挥更大的作用。其中“帮助孩子实现自我”和“培养孩子的社交能力”这两种职责的重要程度分别增加了28.6%和26%，比过去更被视为重要的父母职责。

我是什么类型的父母

每一个父母都希望用好的方式教育孩子，而要想更好地教育孩子，就要正确发挥父母的作用。我们首先要做的就是自我诊断自己是什么类型的父母。为了区分父母的类型，在这一诊断中我们先选定了两种可变的核心。

第一，有没有给予孩子某种程度的自律性。这里的自律性是指让子女自由思考、自由表达、自主学习生活。

第二，父母为了更好地教育孩子，应如何发挥自己的能力。父母能力是指父母引导孩子独自思考、判断、行动所发挥的知识、能力、行动、智慧。

综合这些因素，我们将父母的能力分为放任型、指导型、独裁型、统治型这四种类型，然后一一对其进行诊断。

当然不是说“一味地给予孩子自由就是正确的，没有自由就是错误的”。因为自由的程度会根据孩子的年龄和发育程度、能力，以及家庭环境和父母性格而有所不同，而且父母给予孩子的自由度也总是会发生变化。

即便如此，我们仍将自由作为诊断父母类型的核心变化之一，因为给予孩子充分的自由可以使孩子独立自主地成长。父母能力方面，也会因不同的条件和情况而出现很多问题，但是在这里我们只选择了比较常见的、客观的几个问题。因此，根据上述的两种变化，我们设置了30个问题。请父母根据问题给自己计分，每一项问题的答案都设定为1～5分，再计算平均分数，然后在诊断项中找出自己相应的类型。例如，完成“自由”这一类型的10个问题之后，计算10道题的平均值，接下来，父母“能力”部分的测试方法也相同。

通过这些问题，我们可以认识到自己在自律性和能力中哪一部分还存在不足，认识自己是什么类型的父母。这种诊断有助于父母思考自己是否对孩子过于保护，而阻碍了孩子正常的成长速度，或者增强了孩子对父母的依赖，又或者有没有对孩子起到正确的作用，以及对孩子产生了怎样的影响等。

最后得到的结果可能会低于你的期望值，但要知道这只是为了更好地教育孩子而改变自己的过程，所以你一定要尽量做到实事求是。

父母自律性诊断

问　　题	完全不	不	一般	是	完全是
	1分	2分	3分	4分	5分
1. 在日常生活中我会为孩子提供自己决定问题的机会					
2. 我确信我的孩子可以自主获得自己所希望的成就					
3. 我尊重孩子有关职业选择的一些想法					
4. 在孩子阐述自己想法的时候，我会耐心听完，然后再说自己的意见					
5. 我不会试图干涉孩子的事情					
6. 即使孩子没有按照我的想法去做，我也不会生气或者对孩子发脾气					

续表

问　　题	完全不	不	一般	是	完全是
	1分	2分	3分	4分	5分
7. 在孩子提出自己想法的时候，我会尽量肯定孩子的想法					
8. 我会和孩子强调要学会对自己做的事情负责					
9. 我会为孩子创造可以自由发挥和表述自己想法和意见的氛围					
10. 即使孩子遇到挫折，我也会鼓励孩子不要轻易放弃					

父母能力诊断

问　　题	完全不	不	一般	是	完全是
	1分	2分	3分	4分	5分
1. 我试图通过对话更好地发展和孩子之间的关系，并尽量站在孩子的角度去理解问题					
2. 我会尽量向孩子说明为什么要这么做，而不是一味地要求孩子按照我的指示做					

续表

问　题	完全不	不	一般	是	完全是
	1分	2分	3分	4分	5分
3. 我会对孩子的话做出认同、接纳的反应					
4. 我知道父母自我开发的必要性，并尽量长期花时间进行阅读和学习					
5. 孩子犯错误时，我会先问孩子理由，而不是盲目地生气					
6. 我可以告诉孩子实现梦想的方法					
7. 我的孩子会因为和我聊天而点燃自己的热情					
8. 为了提高能力，我会坚持学习知识和技巧					
9. 即使孩子不说，我也会提前准备好孩子所需要的					
10. 孩子遇到困难时，我会引导孩子自行解决问题，让孩子知晓正确的方法，而不是亲自出面帮孩子解决					
11. 孩子犯错时，我会向孩子说明为什么这是错误的					

续表

问　题	完全不	不	一般	是	完全是
	1分	2分	3分	4分	5分
12. 为了发挥父母的作用，我会不断提高自己的能力					
13. 我会亲自做出示范，而不是只要求孩子应该怎样做					
14. 在解决和孩子有关的问题时，我会尽量多考虑孩子的意见					
15. 我经常给予孩子关怀和爱，并鼓励和表扬孩子					
16. 我会为自己的能力开发制订计划，并一一完成					
17. 在孩子表示不满时，我会尽量站在孩子的立场找出解决方法					
18. 在和孩子发生矛盾的时候，我不会逃避或者感情用事，而是尽全力解决问题					
19. 即使孩子没有做得像我预想的那么好，我也会鼓励孩子					
20. 每年我都会制订自我开发的计划，并完成这些计划					

诊断结果

1. 父母自律性	合计	(　　) 分 ÷ 10
	平均	

2. 父母能力 (　　) 分 ÷ 20					
	诊断项	1	2	3	4
	分数				
	诊断项	5	6	7	8
	分数				
	诊断项	9	10	11	12
	分数				
	诊断项	13	14	15	16
	分数				
	诊断项	17	18	19	20
	分数				
	合计	( ) ÷ 5	( ) ÷ 5	( ) ÷ 5	( ) ÷ 5
	平均				
	领域	营销能力	咨询能力	激发动机能力	学习能力

评价尺度

★ 1 ~ 2分：父母能力十分不足

★ 2.1 ~ 2.7分：父母能力有些不足

★ 2.8 ~ 3.2分：父母能力一般

★ 3.3 ~ 4分：父母能力优秀

★ 4.1分 ~ 5分：父母能力非常优秀

父母类型分类

★ 将诊断结果和分数标在下面的图表里，你就能知道自己的类型

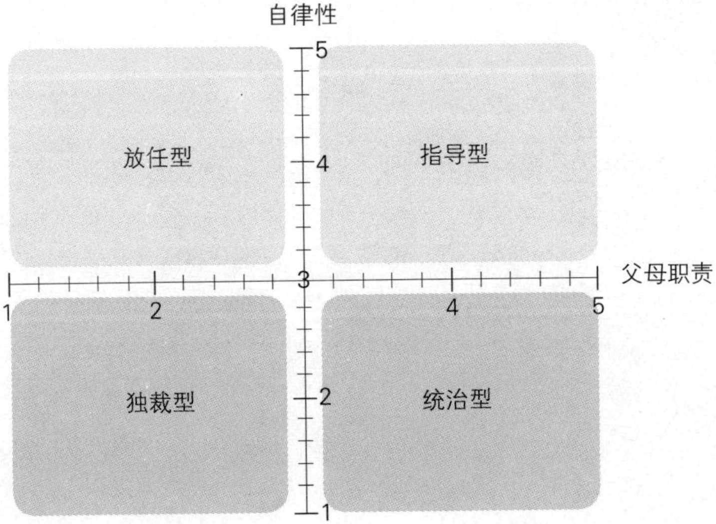

★ 例：如果自我诊断结果中自律性的分数是2.4，能力分数为3.6，那么就是统治型父母。

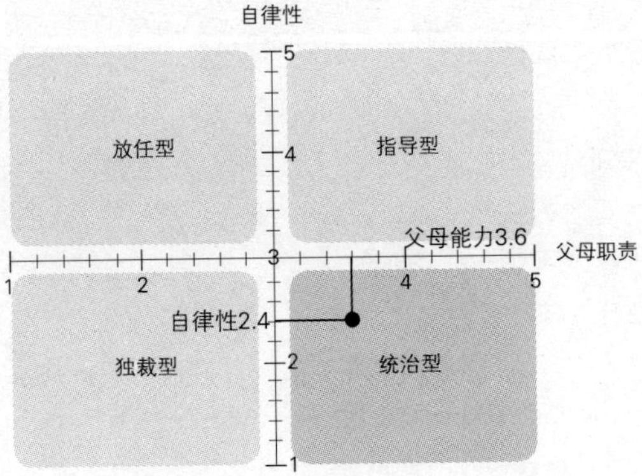

父母类型的特点

现在大家应该知道了自己是什么类型的父母。要记住，解决问题的第一步在于正确地做出类型诊断。当你知道了在统治型父母、放任型父母、独裁型父母、指导型父母中你属于哪一种类型后，就要进一步了解这些类型有什么样的特点。

统治型父母

统治型父母对孩子的感情和行为不会过多地关心，只一味地要求孩子按照自己的指示行事，就好像古时候的垂帘听政。

这类型的父母不会关心孩子的兴趣，也不会试图了解孩子的兴趣；而且自认为自己的能力较强，所以会坚信自己的判断是正确的，不会接受其他意见。父母会单方面制订标准，并强求孩子遵守，会命令、批评孩子，而且在制订目标的过程中会彻底无视孩子的意见。

和其他类型的父母相比，统治型父母有明确的目标，而且会为达到这个目标竭尽所能；偶尔会因为想要更好地掌控孩子，而用体罚等强制性的教育方法。即使表面上没有使用这种强制性的手段，他们也会想从心理上占有绝对的掌控权，让孩子无法拒绝父母的想法。这种父母虽然可以达到短期目标，但是从长远来看，父母和孩子的关系会危机重重。

统治型父母教育出来的孩子很难正确地表达自己的意见，常常会表现得没有自信。这种父母还会阻止孩子做应该由自己完成的事情，很可能使孩子变成缺乏自发性和创造力的被动型孩子。这些孩子虽然不满父母的强硬态度，但是因为无法表达，而使得两者关系越来越疏远；偶尔还会因为某种契机而激发和父母之间的矛盾，出现一些让父母无法想象的过激行为。

放任型父母

放任型父母会对孩子过于宽大，不会为孩子制订限制，也不会要求孩子什么，而且偶尔还会造成孩子占主导地位的情况。甚至有些父母会看孩子的脸色，即使孩子犯错误父母也不能对其进行纠正，只能放任。这种父母就是溺爱型的父母，只知道一味地溺爱、放任孩子，而无法很好地发挥自己的作用，使得自己在和孩子的关系上处于被动地位。

放任型的父母能力比较差，不能为孩子的问题提供多少帮助。他们表面上看是给予孩子充分的自由，但是其实大部分情况下只是放任孩子，所以不会过多地考虑自己的行为会对孩子造成怎样的影响。因为能力比较差，这种父母自身也缺乏自信，认为只要为孩子提供基本的保障就是尽到了父母的责任。这种父母无法使自己制订的标准用于孩子身上。虽然对孩子的行为或者反应表示理解，但是无法具体为孩子提供解决问题的方法，只想糊里糊涂地结束问题。

这种父母教育出的孩子，当认识到父母无法满足自己的要求时，会比同龄的孩子更容易感到空虚和寂寞。为了弥补父母无法给予的保护和自己内心中的孤独，他们会对更刺激的事物产生好奇。这时，因为父母无法很好地告诉孩子控制自己行为的方法，所以自制能力不足的孩子无法意识到自己的行为对别人造成了伤害，进而会表现得比较自我，甚至有些孩子会认为只要是自己想要的就都能得到。这种孩子常常会表现得冲动，自我控制能力也比较弱。

独裁型父母

这样的父母大体上无法为孩子提供正确的方向、无法和孩子形成交流、无法为孩子提供帮助、无视孩子的意见、所有事情都要孩子自行解决，他们就像一个独裁者。

因为父母自身力量比较薄弱，无法为孩子解决问题提供帮助，即使可以提供帮助，也会因为一些琐碎之事而向孩子发火或者强求孩子。这种父母就是一意孤行的父母，所以常常会在不知不觉中让孩子得到不想要的结果。这种父母会对孩子的行为视而不见，对孩子表现出的情感和需求反应比较迟钝，即使知道了孩子的需求，也不会考虑孩子想以什么样的方式得到帮助。

特别是在孩子遇到无法解决的问题时，这类父母不会给孩子任何意见或者说明，其行为结果往往会让孩子更郁闷。而且这类父母自卑心比较重，当孩子表现得比他们更加出色时，就会苦恼于孩子是不是看轻他们。

指导型父母

指导型父母是和孩子共同开辟人生的父母。这种父母会自由地和孩子沟通，清楚地知道孩子所处的环境和限度，所以会在恰当的时间给予正确的指导。雏鸡欲出时以嘴吮卵壳为啐，母鸡欲使小鸡出壳而吃壳为啄，只有啐啄一同进行才能孵化出小鸡。新的生命诞生需要雏鸡和母鸡共同努力，而指导型的父母正是懂得和孩子同心协力地同时啐啄的父母。指导型父母是每一位父母都应该向往的、最为合格的父母的典范，该类型父母有以下特点：

第一，指导型父母认为所有的决定权都要归于孩子，懂得尊重孩子的意见，会以开放的、民主的态度倾听孩子的想法，为孩子提供解决问题的关键性的意见。例如，这类型的父母很擅长通过提问让孩子自己发现生命的意义和学习的目的：

“如果你的梦想实现了，会造福什么样的人呢？”

“如果30年后你获得了诺贝尔奖，这个世界会发生什么样的变化呢？”

这样的问题为孩子提供了可以对人生进行更深入思考的契机。在这一过程中，父母会努力为孩子创造更好的环境，让孩子可以发挥最大的创造力，而且父母自身也会带着热情不断地进行学习和研究。

第二，指导型父母时而严厉时而慈祥。这种父母会为了更好地观察孩子的情感和想法，而投入很多的时间：在孩子做得好的时候会立即以表扬的形式提高他的自信心；如果孩子做错了就会告诉他为什么会做错，培养孩子判断是非的能力；对不应该让孩子做的事情有明确的标准，并会坚持这种标准，还会对孩子充分说明为什么要制订和实施这种标准，和孩子做到感同身受；如果和孩子产生了意见上的分歧，会通过对话尽量选择一个折中的方案。因为指导型的父母会通过提出一贯的原则，让孩子可以自然而然地接受折中方案，所以在这一过程中，孩子会感受到父母为尊重自己而做出的努力，因此绝对不会对父母失去信任。

总之，指导型父母和其他类型的父母不同，不会命令或强求孩子，而是用以身作则的方式表现出对孩子的认可和包容，所以可以引导孩子发自内心地做出正确的行为举止。孩子会因为自主选择了正确的方向而产生成就感，会持续反复地感受到幸福。这才是父母培养孩自立的正确引导方法。

改变的方法

接受了某种任务或工作，我们就会认为自己要做出与之相匹配的行为。就像在公司对身为代理的同事说以后要有个代理的样子，要求上学的孩子有个学生的样子一样，父母也需要回头看一看自己有没有父母的样子。如果有遗憾，就要从现在开始改变自己。我们来看一看不同类型的父母改变成为指导型父母的方法吧。

统治型父母→指导型父母

统治型父母想要成为指导型父母，首先要改变事事干涉或者完全无视孩子意见的态度，给予孩子最大限度的自主权，而且要耐心等待孩子对自己的决定负责。虽然刚开始会很难适应，但是要尽量每天抽出20～30分钟时间倾听孩子的心声。特别要注意的是，父母不能抢先说出自己的想法或者意见，而是多为孩子提供优先发言的机会。另外，如果孩子艰难地说出自己的想法或者向父母伸出了手，父母千万不能拒绝。

统治型父母会发挥以统治为主的领导力，总是会对孩子说“不”。但是以后要注意不要总是把“不”挂在嘴边，即使认为自己的能力比孩子强，也不能站在父母的角度判断孩子能否成功。孩子偶尔遭遇失败也要鼓励、尊重孩子为结果而付出的努力，让这种失败可以延伸为一种学习的经历。这种父母需要站在孩子的立场，帮助孩子敞开心扉。

放任型父母→指导型父母

放任型父母常常会自我安慰说“我相信我的孩子，我可以放心地让他做所有事情”等。这种一味地相信孩子、将一切交给孩子的不负责任的态度从现在开始需要改变了。首先，要从大的方向看看孩子实现目标的方法是否可行；其次，在实行过程中一定要最大限度地给予孩子权力，让其可以自主找到获得好结果的方法。

如果孩子不知道具体应该怎么做或者没有信心，父母就要问一问孩子的目标，然后再一一对达到目标所要经历的阶段进行说明，对可以提供帮助的部分要给出意见，因为这样孩子才能具体地去实现它。在确认孩子的目标和实施计划后，父母要引导孩子对自己产生充分的信任，帮助孩子对达到目标和实施计划产生信心。

孩子都渴望得到父母的关注，并希望父母能立即对自己的行为做出具体反应。一直以来，放任型父母和孩子在情感上比较疏远，所以一不小心孩子就会怀疑父母对自己的爱或产生误会。基于这种原因，放任型父母比其他类型的父母要更努力给予孩子充分的爱和关怀。父母常常会因为自己能力有限而无法给予孩子充分的关怀。如果存在这样的情况，比较好的解决方法就是找到能够代替父母职责的指导老师。

如果想挽回因为放任孩子而产生的不良影响，今后就要以更加成熟的心态关心孩子。从孩子年幼的时候开始增强父母的作用，不要一味地唉声叹气，要持续和孩子交流，为弥补自己的不足而努力，创造可以让孩子心灵充满爱的契机。

独裁型父母→指导型父母

独裁型父母想要成为指导型父母，首先要放下控制孩子的想法。要清楚地认识到，自己缺乏帮助孩子的能力，还一意孤行地指示孩子是不会对孩子有任何帮助的。在孩子将父母视为“嫉妒”和“偏见”的代名词之前，要恢复孩子对父母的理性信任。父母即使有很多不足，也没有什么可以为孩子做的，但也要做到从孩子的立场考虑所有的问题，思考怎样做才能帮助孩子。

独裁型父母要从小事做起，增强自身的能力，这样才能在和孩子产生矛盾时解决矛盾，抓住可以使双方关系往更好的方向发展的契机。不要再固执地要求孩子，而是要承认孩子对自己生活的主导性；要用谦虚的态度最大限度地尊重孩子的决定，使孩子可以说出自己的想法。一定要记住，如果父母不但没有帮助孩子自主解决问题，而且还剥夺了孩子这样的权利，就会给孩子带来难以愈合的伤害。

CHAPTER 3

告别自己的私欲

有一个广为流传的捕猎猴子的方法。在一个一只手勉强能进出的皮袋子里放一些猴子爱吃的水果，然后将袋子绑在树枝上。发现水果的猴子会把前爪伸进去，想要拿出里面的水果，但是由于入口过窄，它的爪子会被卡住。猴子即使发现了前来捕获自己的猎人，也难以逃脱，它会因为对食物的贪念而失去自己的生命。所有望子成龙、望女成凤的父母都是如此，即使自己穿不暖、吃不饱，也想竭尽所能给自己的孩子最好的。他们都有着一种为了孩子甘愿牺牲自己的大无畏精神。但是，父母的这种心态里或多或少可以折射出父母抱着自己的私欲不放的态度。因此，只有父母放弃将自己的私欲强加在孩子身上，孩子才能更健康地成长；只有父母和私欲说再见，才能将孩子培养成坚强、正直的人才。

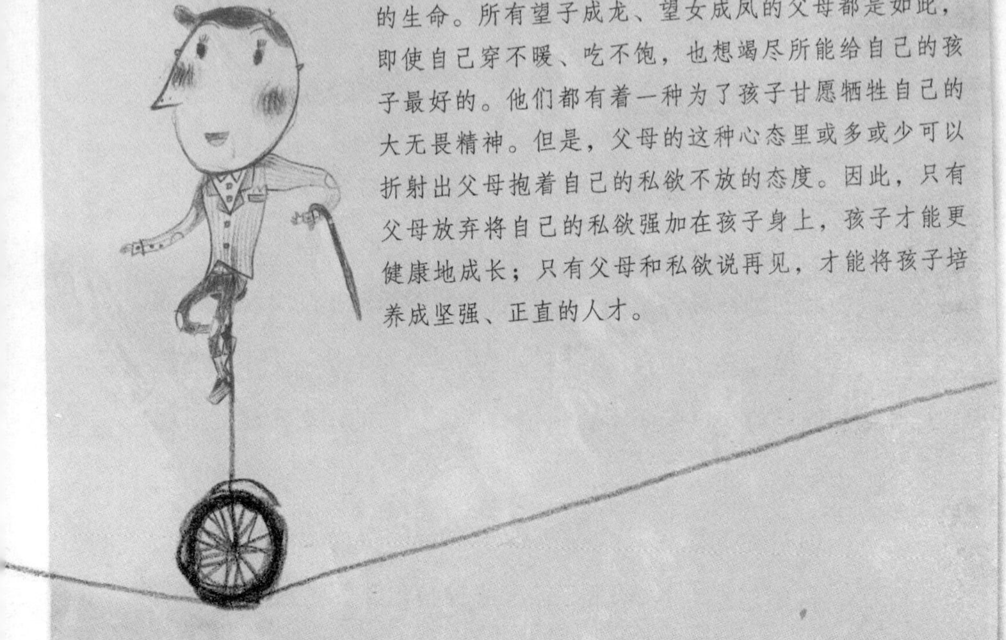

独裁主义会毁掉孩子的自信

要想在激烈的竞争中生存，最需要的就是自信，而自我认识就是自信的基础。孩子可以肯定地回答“我是谁”这样的问题，具备坚信自己有能力做好任何事的自我认识的时候，他才会产生自信。因为只有认为人生是一个不错的选择、而且对自己的人生充满信心的人，才能用更真诚的态度认识生命。

但是比起过去，现在的孩子在自信方面显得更脆弱一些。特别是在和别人聊天时，这种自信不足表现得更为明显：聊天时无法和对方对视；在两个人的对话中，总是怀疑地反问；在表达自己的意见和想法时喜欢用“好像”“可能”等词语。这些都能反映出孩子缺乏自信。

那么现在的孩子缺少自信的原因是什么呢？年幼孩子的未来充满无数的可能性，所以更应该充满自信，更应该朝气蓬勃。剥夺孩子自信的就是父母：是父母混淆了独裁主义和威严，过多或过少地在孩子身上使用这种威严；是父母以威严为借口放弃了和孩子进行交流的机会；是父母的滥用职权正在毁掉孩子的自信。

父母混淆威严和独裁主义

这个世界上的很多父母因为无法区别威严和独裁主义，而伤害了孩子的自信。威严是必要的，而独裁主义是需要摒弃的。但是父母们往往会比较喜欢独裁主义。威严是让对方自愿服从的力量。教育学生的教师需要威严，应成为学弟学妹典范的前辈也需要威严，父母同样需要在孩子面前成为一个有威严的人。但是很多父母套上了独裁主义的枷锁，盲目地想以父母的威严来解决问题。特别是那些以为呵斥可以解决所有问题的父母更是如此，他们就是在以独裁主义对待孩子。呵斥那些小学低年级的孩子，在表面上看起来可能会有些效果，但是孩子的内心往往会受到伤害，而且随着孩子的成长，这些藏匿在孩子内心深处的伤口就会渐渐浮出水面。时间越长，孩子可以自然而然服从父母的可能性就会越小。

与此相反，有些父母会混淆威严和独裁主义，以为威严就是独裁，所以连父母应有的威严都会一同摒弃。很多时候，这种父母会成为孩子的用人，而孩子反而成了家里的主人。自己无法树立父母在孩子心目中的威信，还疑惑不解于孩子为什么不服从自己，这和只用呵斥来解决问题的父母刚好相反。这种父母认为给孩子树立自信比父母的威严更重要，他们误以为对孩子有求必应就是爱孩子。但是看孩子的眼色、迎合孩子并不是真正的爱孩子，像独裁主义一样，非独裁主义的父母对孩子也会造成负面的影响。父母的任务和职责是培养孩子独立自主生活的能力，而不是放纵孩子随心所欲。

那些降低孩子自信的强势话语

有的父母会因为不成熟或者错误的表达方法而和孩子产生误会。这些父母时刻提醒着孩子自己为他付出了多少，总是会说一些不必要的话，例如，“你知道为了培养你妈妈有多辛苦吗”“爸爸为了你才会这样辛苦地赚钱”，等等。孩子能够理解父母固然好，但是这种表达往往只会造成孩子的叛逆心理。父母表达对孩子的关心反而会让孩子认为父母是在为自己邀功请赏。这样的父母可能会有些缺少自信。

这样的言语会让孩子认为自己只能给父母带来痛苦，进而也降低了孩子的自信。孩子因为父母而受伤害。即使难过，孩子也不会表露出来。这样父母和孩子之间的距离就会越来越远。有些父母看到孩子自己默默忍受痛苦，甚至还会认为这是孩子懂事而感到欣慰。

但是从长远的角度来看，这种将伤痛隐藏在心里的孩子，之后往往会从其他方面寻求补偿。例如，通过和他人的关系来确认自己、提高自信，或者通过从宠物那里得到慰藉来提高自信，更有甚者会误入歧途。在今后和配偶的关系中，这种被隐藏的伤口也会显现出来，引发更大的问题。

父母会因为担心孩子而要求他做很多事情，这在某种意义上可能是体贴或者温暖的关怀，但是也很容易隐含着父母对责任的错误意识。在父母的要求超出了孩子所能接受的范围时，他就会把这种要求定义为唠叨。

认为自己的父母很爱唠叨的孩子往往无法很好地发展

自主思考、判断、实践的能力，因为在孩子思考之前父母已经自行判断，然后对孩子下达了命令。这样的恶性循环持续下去，孩子就无法自信地做出判断和选择，每做一件事情都会看父母的脸色。所以唠叨是伤害孩子自尊的又一诱因。

父母常犯的另一种错误是，以为总将“我爱你”这样的话挂在嘴边就是优秀的父母。他们认为应该给予孩子充分的爱，让孩子感受充分的爱，但是另一方面却用干涉和管制来解释这种爱。孩子希望父母能比任何人都爱自己，但是每个孩子所感受到的爱是有差异的，很多孩子甚至认为从没有得到过父母的爱。

口口声声说爱孩子，但是做的和说的不同，孩子自然就会怀疑父母对自己的爱。没有一个孩子会因为父母在限制自己的一言一行之前说了一句“我是因为爱你才会这样”，就会去想“我的父母是因为爱我、为了我好，才这样关心我的每一件事情”。即使脑子里会认为父母的干涉是出于对自己的爱，也很少能发自内心地感受到父母的爱。这样的错误是由于父母对威严的定义理解偏差而产生的。

—陷在独裁主义里的父母—

在决定孩子未来的问题上，父母理应行使自己的权利，但是仔细想一想父母是不是因为深陷在独裁主义里，才会将自己的想法强加在孩子身上呢？

对决定职业有影响的人（包含重复选项）

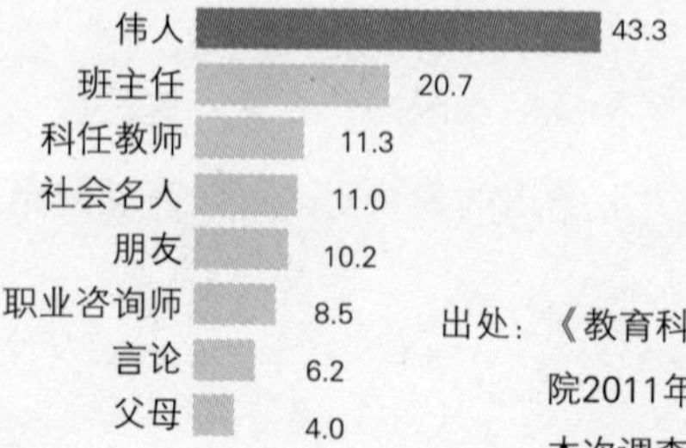

出处：《教育科学技术部/韩国职业能力开发院2011年学校职业规划教育现状》
本次调查是针对韩国2156名学生、1876名家长施行的（单位：%）

在和上面的问卷调查类似的调查（韩国社会政策研究所/韩国教职工劳动协会，2012年7月）中，参加调查的1906名学生中，有34.4%的学生认为在决定职业时，父母的期望大于自己的意志。这是因为父母的独裁主义使孩子认为自己没有决定自己未来的权利。那么除了职业规划以外，在孩子的整个人生规划中父母又起了什么样的作用呢？

会从父母那里获得有关人生规划和目标的建议吗？　　　　会给孩子提供建议吗？

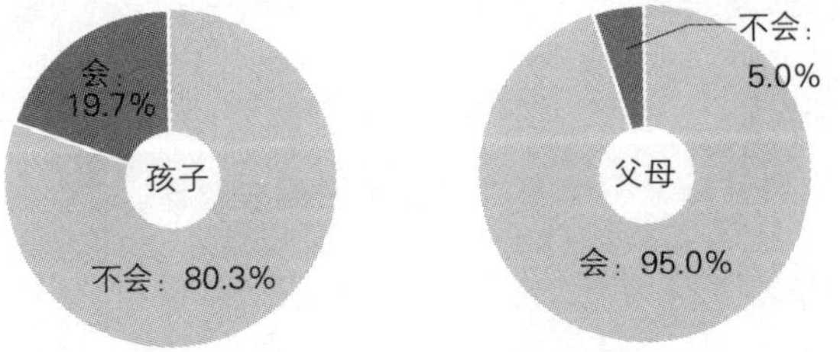

出处：mbrian 针对韩国1000名学生/1000名父母进行的问卷调查，2012年

孩子和父母的想法完全相反的原因是什么呢？这是因为在独裁主义的外衣下，父母单方面给出的建议对孩子没有任何帮助。

父母的爱是孩子自信的基础

孩子的自信主要来源于父母的爱。孩子如果从父母那里得到充分的爱，就会更加珍惜自己，同样也会珍惜他人。所以父母不能为了自己的感受和私欲而滥用威严或者放弃威严，要从帮助孩子的角度考虑怎样树立充满爱的威严。

培养自信最需要的是安全感，因为人在危险的环境中是无法建立自信的。仔细观察孩子受到批评时的表现就能知道孩子安全感的强度。受到父母批评时，有一定安全感的孩子，会试图理解和接受这种批评，但是没有安全感的孩子就会因觉得父母不爱自己而畏怯，最终会认为自己不是一个值得被珍惜的人。

有一些父母会因为无法控制自己的情绪而大声呵斥孩子，让孩子感到不安。孩子应该从父母的言语中感受到尊重和爱，继而产生安全感和自信，而父母的呵斥只会“培养”孩子的羞耻感和不安。这些父母中的一部分甚至误以为孩子是在挑战自己的威严，而加强呵斥的力度。

孩子出生后得到父母充分的爱，形成和父母之间的关系，这样孩子在情绪上就会比较稳定。特别是在幼儿时期，母亲的爱和关注程度对孩子的安全感起着决定性的作用，对孩子的脑部发育也会产生肯定的影响。美国华盛顿医科大学研究人员对92名3～6岁的学龄前儿童进行的调查显示：得到母亲充分的爱和关怀的孩子，海马体比与之相反的孩子大很多。海马体是脑部的构成要素，决定人的压力反应和记忆新鲜事物的能力。如果海马体受损，人就无法记住新的信息。研究人员表示，这是第一次研究“初期养育环境对大脑发育产生的影响”，并表示如果父母一如既往地给予爱和关怀，孩子的大脑发育会更健康。

当然，身高、体重、样貌等身体外在条件，以及父母的离异、经济情况、成绩等也是影响孩子自信的因素。但是，如果孩子从有威严的父母那里得到充分的关爱，那么这些威胁孩子自信的因素也会被一一消除。

独处能力是测量自信心的标准

儿童心理学家唐纳德·温尼科特提出了“独处能力”这样一个概念。幼儿时期，如果和母亲进行了充分的交流、分享了美好的经验，孩子就会拥有独处能力。而拥有独处能力的人，即独自生活、旅行，可以独自做任何事情的人，才是真正幸福的人。不依靠他人，即使独自一人，也能享受真正的幸福，那么这个人一定拥有强大、健康、自信的内心。

“我的孩子一个人的时候会想什么呢？”

“我的孩子会以什么样的心情度过属于自己一个人的时光呢？”

“在没有任何人的地方，孩子能享受属于自己的幸福，度过美好的时光吗？”

这些问题的答案将会带你了解孩子自信心的现状，而如果想要自信地回答这些问题，父母就要学会摒弃独裁主义。

自信带来成功

世界著名咖啡连锁店星巴克，从美国西雅图海边的小店发展到仅在美国国内就拥有2000多家分店，并且在欧洲、日本、中国和韩国等地都收获了巨大成功。这段创业神话的主人公、星巴克执行总裁霍华德·舒尔茨，在幼年时期其实非常贫穷。家境的贫寒使得小霍华德的自信心很受伤害，但是他将这一点转变成了可以发挥自己想象力的机会，并通过想象力恢复、提高了自己的信心。

霍华德的父亲因肺癌去世，母亲独自一人抚养了两男一女。母亲每次想到贫困的家境就会感到愧疚，她虽然觉得自己有愧于父母应有的威严，但是她却没有放弃这种威严。母亲不断地向孩子们讲述伟人的故事。即便自己的周围找不到那种伟人，她也会用故事生动地描绘那些伟人的人生，以此培养孩子们克服现实困难的自信心。

母亲为孩子们提供了培养梦想和勇气的契机。霍华德从妈妈那里认识到自己很有可能像这些伟人一样成功。妈妈的关爱给予的自信成为他实现梦想的基础。他创造了“咖啡变成金子”的企业，书写着崭新的成功神话。现在的霍华德力求将星巴克打造成尊重人才、珍惜人才的企业，而这种能力来源于霍华德的自信。因为成长时期从母亲那里获得了真正的尊重，现在的霍华德才会将员工称为合作伙伴，并将他们放在其经营理念的第一位。

教育心理学家表示，不仅是霍华德·舒尔茨，每个人都希望通过处理问题、做出成绩来获得满足感。这就叫作自我效能，也就是在特殊情况下显现出的自信。自我效能越高，直面问题、忍受困难的能力就会越强，自主行为也会越多。

自我效能是个体对自己能够取得成功的信念，也是自信的另一种表现。虽然现在无所作为，但是相信通过自己一步一步的努力，总有一天会取得成功的信心也是自信的另一种表现。自信会形成真正的自我。其实每个扭曲自尊的青少年背后都有着不能摒弃独裁主义的父母，这让我更深刻地认同约翰·柯林斯的那句："尊严并不是一种美德，却是许多美德之母。"

爱面子会耗光孩子的耐性

2012年，韩国釜山一所中学的二年级教室里发生了学生殴打教师的事件。因为学生在课堂上喧哗，教师就说了一句“不要打扰其他学生学习，保持安静”，该学生随即对教师发火、爆粗口。该教师也因此大声呵斥了他。他立马将椅子扔向教师，并殴打了教师的腹部和胸部。事件发生时，教室里有30多名学生，虽然该班班长曾试图制止该学生的行为，但是剩下的学生被眼前的一幕吓得没有采取任何措施。

无独有偶，韩国庆尚南道陕川郡一所小学也发生了教师和学生互殴的事件。4名学生因上课态度不端正而受到了58岁教师的体罚。但是学生在接受体罚的时候仍嬉笑玩闹，教师由于生气推了其中一名学生，导致站在该学生旁边的女学生的头部撞到了旁边的储物柜。于是，该学生对教师进行了辱骂、殴打，而且女学生的叔叔在事发当日还掌掴了前来道歉的教师。

近年来在新闻中有时会看到这样的事件，我们可以从中看出现在的孩子耐性已经跌到了谷底，使得他们无法控制自己的情绪，从而对同学、教师甚至父母拳脚相加。我们也许还会看到一些无法抑制自己内心的愤怒，并且一定要将这些愤怒发泄出来的孩子。

出口成“脏”的孩子

禁止孩子说脏话也能对培养孩子的忍耐力产生一定的作用。也许每个人都会有说脏话的冲动，但是是否将脏话说出口则取决于忍耐力的强弱。

2011年9月，韩国教师协会和EBS为了调查小学—高中学生说脏话的状况，给几名学生配备了录音机，让他们从上学开始到午休时间为止将录音机带在身上。结果每名学生说脏话的次数都很多。另外，这些学生说的脏话的种类也很多。例如，有关性方面的脏话，贬低对方的脏话，以及带有威胁意味的脏话。除此之外，还有一些低俗的新词新语。

想要让经常说脏话的孩子有耐性，就好像是希望滚在泥地里的白色衣服可以整洁无瑕一样难以想象。孩子并不完全了解自己说出的这些脏话真正的意义，只是认为这是同龄人都会说的话。父母应该让孩子认识到脏话会给他人带来多大的伤害，会让一个人显得多么堕落颓废。那些缺乏耐性的孩子一旦认识到了脏话的害处，也会慢慢减少说脏话的频率，逐渐恢复耐性。

恢复耐性的另一个方法就是从戒瘾开始。有些父母苦恼于孩子沉迷于网络，甚至有些孩子会因为好奇心而沉迷于淫乱视频，还有那些陷在科幻小说里分不清现实和虚幻的孩子。最近智能手机又成为一个新的上瘾对象，成了父母新的苦恼。孩子一旦陷进去就会废寝忘食，整天焦躁不安，无暇顾及其他的任何事情。上瘾是一个不可抗拒的诱惑，所以戒瘾对孩子耐性的培养是有着超乎想象的影响的。大人戒烟都那么难，孩子戒掉这些瘾也就更难了。但是如果父母帮助孩子将剩余的旺盛精力投入到学业或者身体锻炼中，不但可以培养孩子的耐性，还能像父母期待的那样让孩子身心健康地成长。

青少年处在发育的过渡期，所以要求孩子像大人那样控制自己的欲望和情感有些强人所难。而且大人有时也无法控制自己的情绪，何况孩子呢。但是更大的问题并不是上瘾或者控制情绪，而是大人不在乎孩子因为上瘾而误入歧途，或者因为无法控制情绪而产生的后果。如果事情发生在自己孩子身上，父母只会急于掩盖孩子的错误；如果是别人家的孩子，就隔岸观火。

青少年时期是一步一步完善耐性的时期。在这一时期，孩子会因为无法控制情绪和欲望而犯错，然后再从错误中体会到控制情绪的必要性，学习和掌握控制情绪的方法。大人们可以适当对孩子的调节失败睁一只眼闭一只眼，但是如果孩子不想也从未承认自己的错误，父母就要及时出面帮助孩子调节。父母要帮助孩子承认自己的不足，如果孩子还对别人造成了伤害，就应该教导他进行反思。

比较会毁了孩子的耐性

现在的青少年为什么会比过去更缺乏耐性呢？为什么孩子不知道自己缺乏耐性？为什么孩子不想改善自身的这种状态呢？

孩子自信不足的背后有父母的独裁意识，而耐性不足的背后则有父母的比较意识。父母总会无意识地和孩子说“别人家的孩子比你强”，而孩子就会因这种比较感到自卑。比较是一种习惯，但无论是对孩子还是对大人，比较都是一种不怎么让人愉快的做法。父母总是有意无意地提起“别人家的孩子”，其实是用一种委婉的方法向孩子提出自己的要求。父母可能会不以为意地认为只是将自己知道的事情告诉了孩子，但是在孩子的立场上看，却并非如此。这些被比较的孩子中，很大一部分孩子都会陷入自卑感和挫败感中。换一个立场，如果孩子向父母说“朋友的妈妈给他买了这个、买了那个”，作为父母，你的感受又如何呢？父母听了这些话也会觉得心里难受吧！

事实上，朋友是永远的竞争者。小时候，朋友之间会相互竞争，长大成为父母以后就会拿孩子来做比较。好久不见的朋友如果一见面就炫耀自己的孩子，父母就会嫉妒，就更加嫌弃自己的孩子无法满足自己的要求，然后就会和孩子讲自己朋友的孩子有多么优秀。每个孩子的成长速度都不同，小时候在班里最高的孩子，成人以后身高可能反而一般，所以和同龄孩子的比较永远都没有尽头。父母如果逼迫孩子，孩子就只能学会父母的这种焦躁不安。

其实，父母的这种比较意识下隐藏着的是自己的面子问题。父母有时会想，朋友上学的时候成绩没我好，但是他的孩子怎么就比我的孩子优秀呢?

父母如此在乎面子，就很容易犯下比较这样的错误，进而伤害孩子。而孩子继承了父母的这种处世态度，也就会越来越失去耐性。

爱面子是最典型的以自我为中心的思考方式。父母表现出这种爱面子的态度，孩子自然就会产生逆反心理，直至用行为表现这种不满。在地铁或者公交车上，有时会看到带着两三岁小孩的年轻妈妈，孩子睡觉或者玩耍时，她们倒无所谓，但是一旦孩子饿醒或者哭闹，她们就会因觉得引来周围人的目光而呵责孩子。

这有可能是因为妈妈不想在公共场所给其他人带来不便，但是更大的原因还是因为过于在乎其他人的目光而急于制止孩子。其实应该仔细看一看孩子哭闹只是单纯因为肚子饿，还是因为身体不舒服，从而为孩子解决根本的问题，安抚孩子。

在社会层面或者经济层面获得一定成功的人更爱面子，但和他人的比较只会让你无法满足于现状，而且还会使你的孩子失去耐性。

有耐性的孩子更聪明

研究表明，有耐性的孩子会比较成熟或者更容易成功。美国斯坦福大学对一群4岁儿童进行了棉花糖实验。研究人员让孩子们围坐在房间里，并给每个孩子一颗棉花糖，然后对孩子们说："孩子们，老师要出去一下。如果在我回来之前没有吃棉花糖，我会给这些小朋友每人一份礼物。但是如果没能等到我回来就把棉花糖吃掉了，那这些小朋友就不能得到礼物了。"

然后研究人员走出了房间。过了15分钟后，研究人员回到房间，发现有些孩子忍住了，而另外那些孩子没过多久就吃掉了棉花糖。10年后，根据回访调查，发现有耐性的孩子和没有耐性的孩子有明显的不同：耐心等待的那批孩子在社交能力、自主能力，特别是抗压能力方面都比较突出，学习成绩也比较优异；没有耐性的孩子相比之下就大不如前者了。

耐性对于孩子来说比任何知识都重要。自发的耐性和智力发育有密切关系。提到智力发育，我们往往都只能想到IQ，也就是智商，但是进入21世纪，EQ（情商）和SQ（速商）也都开始受关注。哈佛大学教授霍华德·加德纳博士认为，人类的基本智能主要由语言智能、数学逻辑智能、空间智能、身体运动智能、音乐智能、人际智能、自我认知智能、自然认知智能这八项组成。

美国心理学会会长、耶鲁大学教授罗伯特·斯坦伯格的“成功智能理论”，将智能分为分析智能、创意智能和实用智能三种。分析智能是指用来解决问题的比较或者对比、评价或者判断的能力。像IQ测试或者解答学校考试题就是利用分析智能来解答的。创意智能是指应对新环境的想象、设计、研究的能力。实用智能是指在实际生活中进行判断的能力以及实践能力。斯坦伯格教授认为“成功不是在于这三种智能之中的某一种能力非凡，而是在于这三种智能怎样相互协调”。

在这里我们需要关注的是，霍华德·加德纳所说的八种智能中的人际智能和自我认知智能，以及斯坦伯格主张的三种智能之间的协调。这些无疑都取决于耐性发挥了多大作用。耐性是通过人格获取的，反过来说，如果想将孩子培养成一个善良聪明的孩子，耐性则又是必须具备的。

过度保护会降低孩子的意志力

目前，出现在孩子身上的另一个问题就是缺乏意志力。不仅仅是在学习方面，只要有过和青少年聊天的经历，就能对现在孩子的薄弱意志有所感受。无论是运动还是玩耍，有些孩子脸上是很难捕捉到任何表情的。即使是有奖性的智力问答，也只会吸引少数孩子的目光。

当然，这些孩子也有热衷的事物。有些孩子会热衷于学习成绩，有些孩子会热衷于游戏，有些孩子会热衷于自己喜欢的明星。

这里说的意志力是指，为了在自己希望的某种领域取得成就而努力的一种力量。只是单纯地热衷于自己喜欢的事情并不是有意志力的表现，而是一种情感的表达。无论是孩子还是大人都应当为自己想要获得的成就而努力。

肚子饿的时候人们常常会狼吞虎咽，犯困的时候即使没有人命令也会去睡觉，这些都不是意志力。为了达到目的，即使不喜欢也硬着头皮坚持下去的力量才是意志力。但是我们现在很难在孩子身上发现这种意志力。

过度满足剥夺孩子的挑战精神

父母总是想要给予孩子更多，但是为人父母者即使已经给予了孩子充分的物质生活，也总会嫌不够。所以有时候即使是在适当的训诫之后，父母也会后悔自己的行为，还会因为没能给予孩子最好的而感到遗憾。

美国佛罗里达海边的小城市圣奥古斯汀有一个繁忙的小港口，很多捕虾船经常会停泊在这里。沿岸水域有很多虾，所以港口周边经常会有成群的海鸥光顾。丰富的食物使前来吃食的海鸥日益增多。因为不费吹灰之力就能吃到美食，所以海鸥们总会驻足在这里享受衣食无忧的惬意生活。

不久后，虾群逐渐南下，捕虾船也跟着南下，但是成为留鸟的海鸥却没有离开原有的生活圈，因为它们没有跟随虾群和捕虾船南下的意志。一直以来，不费吹灰之力就吃到食物的海鸥们已经失去了最起码的捕食能力，食物的减少便将海鸥们推向了死亡。

我们有必要思考一下，父母的自以为是是否让孩子变成了圣奥古斯汀的海鸥。一味地认为满足孩子就是最好的选择，父母的这种自以为是，让孩子发现获得无须自己努力，他们也就渐渐失去了意志力。父母想给孩子最好的，却成为一种过度的保护和溺爱，而这正在一点点地削弱孩子的意志力。

现在的孩子学得过多，除了热门的英语和数学外，还有美术、钢琴、跆拳道等。大部分父母都要辛勤地工作，有些甚至还要兼职、打小时工，才能供孩子上各种各样的补习班。虽然这都是“望子成龙、望女成凤”的父母对孩子的支持，但是就是因为超出了限度才会成为问题，而且这种无节制的支援只是一种急于求成的“偏方”。

对于孩子来说，重要的并非是这种“偏方”，而是可以正确引导孩子人生方向的方法和达到目标的方式。孩子需要的是智慧而非成绩，需要的是战略而非战术，但是父母提供的这些只能使孩子提高成绩、学晓战术。

孩子在父母的羽翼下长大，父母用翅膀为孩子遮挡了来自外界的有害物，试图为孩子提供最优质的生存空间。虽然生活在羽翼下可能会很安全，但是并不能积累阅历和克服困难的宝贵经验。这样的孩子长大成人之后也很难拥有离开父母、独自挑战困难的能力。

韩国一所小学里，某一班级的学生们因为没能将教室清扫干净而受到了老师的批评。第二天，妈妈们便到学校里来做扫除。妈妈们不能忍受自己的孩子受批评，以为替孩子打扫，孩子就不会被老师批评，也不会因为批评而感到自卑。但是这同时也剥夺了孩子通过打扫所获得的成就感，通过受批评改正错误的机会，以及自己独自完成任务的意志力。如果父母替孩子挡住了那些困难，那么孩子就无法建立克服那些困难的意志力。

专制会让孩子变得软弱

孩子在幼儿时期或者在小学低年级时期都曾有过自己的爱好，唱歌、跳芭蕾、写作、画画。但是随着年龄的增长，父母的要求会让他们不得不放弃这些爱好。有些家长不管孩子喜欢与否，自己做决定之后就直接通知孩子，这必然会导致“孩子想做的事父母不让做，父母让做的事孩子却不想做”的情况发生。久而久之，孩子就会失去激情，变得什么都不想做。

父母的专制会让孩子产生无助感。有这样一个故事。一天，猎人抓住了一只鹰。他用粗绳将鹰的两条腿绑起来，拴在了柱子上。老鹰为了重新飞向天空不停地拍打翅膀，但是每一次都因为绳子而摔在了地上。几年过后，拴在柱子上的绳子早已被磨断，但是老鹰却放弃了飞翔的想法。因为之前的经验，让它意识到无论怎么努力都只会摔在地上，所以即使只要稍微挥动翅膀就能展翅高飞，它却仍然蜷缩在原地。这就是马丁·塞利格曼所说的习得性无助。

父母和孩子一同生活，并努力想为孩子提供最好的一切，包括美味又有营养的食物、舒适的床、成长所需的学习咨询等。甚至他们还想为孩子提供朋友，因为他们错误地以为完美的支援就是优秀父母的表现。

但是父母的过度保护让孩子很难健康成长。父母替孩子决定一切重要的或者不重要的事情，使孩子不用背负责任的包袱。孩子因为所有事情都无法自己做主，最终会感到无力，即使到了可以自己做主的时候也会看父母的脸色，就像上面说过的那只鹰一样陷入一种习得性无助之中。

2010年，韩国青少年政策研究院针对2351名中学一年级学生进行的问卷调查显示，如果父母对孩子的生活和学习的干涉是适当的，孩子的自信和在校适应能力，以及幸福感就会提升。韩国忠清北道儿童家庭心理咨询所等机构的调查也获得了相似的结果。

我们要记住的是，父母所追求的完美有时会将孩子的意志力摔得粉碎。父母的过度干涉会对孩子在校的适应能力和幸福感造成不良的影响，使孩子很难适应在校生活。这并不是危言耸听，所以父母对孩子保持适当的干涉比什么都重要。

金钱至上玷污孩子的价值观

2012年12月，韩国教育科学技术部发表了《学校前途教育指标调查》的结果。对小学至初中的4126名学生和1432名家长进行的调查显示，孩子选择的未来职业依次为教师（9.3%）、公司员工（7.6%）、公务员（4.7%），家长的选择依次为公务员（19.7%）、教师（17.9%）、医生（8.4%）。可以由此看出，无论是孩子还是父母都将稳定性看作最重要的因素。

人们想要寻求更为稳定的生活，所以本能地试图通过稳定的职业提高生活的稳定性。可以说，现在的孩子在职业选择上继承了父母重视稳定性的价值取向，如喜欢公务员、教师等稳定的工作，所以从另一方面也反映出在孩子心中挑战新鲜事物已经变得越来越难的事实。

越来越褊狭的青少年职业喜好

现在，不少孩子想要成为艺人。传播媒体的发展使对艺人的需求日益增加，选秀节目的热播使成为艺人的道路不像过去那么艰难，社会对艺人的看法也不再像过去般保守。

但是，对勇于挑战艺人这样不稳定职业的孩子，我们却无法投以鼓励和肯定的目光，因为从某个方面讲，某些艺人所代表的金钱至上主义已深深渗透到孩子的价值观中。金钱至上的价值观将孩子的职业选择分成了两极：虽然不能赚大钱，但是比较稳定的公务员；虽然不稳定，但是可以赚大钱的艺人。在学校前途教育指标调查中，对“人生想要追求什么”的问题，有一半以上（约52.5%）学生回答为“钱”，这真让人大跌眼镜。

青少年的这种职业褊狭现象，反映出他们对金钱的膜拜，这会演变成现实生活的一种弊病。用金钱衡量一切价值的最大副作用就是会让孩子轻视多样性。接受这种观点并占领社会顶端的人，很容易无视少数人的意见。这种人不能认可和自己不同的人，只会认为“很多人都这么想，为什么只有你这么特别”。排挤就是典型的例子。

为什么孩子的价值观会被金钱左右呢？这是因为父母的金钱至上主义原原本本地传给了孩子。孩子还没有足够成熟到可以形成和修正自己的价值观，所以父母要为他们提供独立自主生活的机会。但是由于父母没能正确履行自己的职责，孩子才会继承父母树立的这种错误的价值观。

金钱是压倒人的价值观的核心要素。在韩国，一家信用卡公司的广告语为“恭喜发财”，在这之后韩国人的新年祝词便从“新年快乐”变成了“恭喜发财”，并成为中青年人群中最佳的新年祝福语。现在的社会金钱欲望都变成一种美德了。

孩子周岁抓周时，父母都希望孩子能抓钱：只要有钱，即使不抓铅笔，也可以通过补习来提高成绩；只要有钱，即使不抓针筒，也可以借助现代医疗技术延长寿命。婚介所在为“剩男剩女”划分等级的时候最看重的也是钱。好久不见的同学聚会上主要谈论的话题同样是钱。有钱人的炫耀是同学聚会永恒不变的话题。甚至在父母和孩子之间、夫妻之间也会因为金钱而形成不同的家庭权利结构。

对金钱的过欲是所有价值观的黑洞

每个人都梦想幸福的人生，向往幸福的生活。人们为幸福生活而努力是理所当然的，但是问题在于人们总是用金钱来衡量幸福的价值。金钱就等于幸福、幸福就等于金钱的价值观才是最大的问题。

有些人会因为美味的食物而感到幸福，有些人会因为用自己赚来的钱帮助那些非洲难民而感到幸福，有些人会因为兴趣爱好而感到幸福，也有些人是因为寻找到了知己而感到幸福。每个人对于幸福的理解都各不相同，所以每个人感受幸福的途径也都不同，向往的幸福也会不同。

但是现在呢？人们对于幸福的理解好像越来越相似了。韩国一家经济研究所对中产阶级下了这样的定义：毕业于四年制本科大学，在一个固定的公司工作10年以上，月平均收入为400万韩元以上，住在100平方米以上的房子，驾驶2.0排量的中型车。在这个定义里，所有中产阶级的标准都只用金钱来衡量。

那么其他国家是怎样定义中产阶级的呢？法国前总统乔治·蓬皮杜认为“中产阶级应该掌握起码一种外语来认识更大的世界，会做一道特别的料理来招待客人，可以像对待自己的孩子那样严格对待别人的孩子，在社会正义受到威胁时可以维护伸张正义”。英国对中产阶级的定义为“拥有明确的自我主张和信念，拥护弱者，敢于面对强者”。

与重视精神和社会层面的多样性的发达国家不同，韩国用经济数字衡量一切，这着实让我觉得脸红。更严重的是，父母将住豪华的房子、充满幻想的海外旅行、商店里的奢侈品、学习优异的孩子、有钱的父母和金钱至上主义为基础的幸福定义传给了孩子，提醒孩子金钱的重要性、追求定型化的幸福。孩子通过亲身的体验和媒体的传播等间接经验追求这种定型化的幸福，坚信金钱的威力，并被父母注入了学生时代要为以后赚钱而更加努力学习的思想。他们被“优异的成绩、成就等于高薪职业，高薪职业、成就等于金钱”的逻辑所束缚。

孩子被戴上了这种世俗的枷锁，因此那些成绩不好的孩子很容易陷入自卑。被金钱所左右的价值观，将前面所说的缺乏自信、缺乏耐性、意志薄弱带给了孩子；被金钱所玷污的价值观，将孩子培养成统一的“商品”。父母忽视孩子身上的个性和潜力，只热衷于将他们生产成一模一样的赚钱机器。

美国诗人、哲学家拉尔夫·沃尔多·爱默生在《什么是成功》中强调，真正的成功是寻找生命真正意义的过程：

成功是什么?

笑口常开，爱心永在，

赢得智者的尊重，

孩子们的爱戴；

博得真诚的认可，

容忍朋友的背叛；

欣赏美好的东西，

发现他人的可爱。

学会无私地奉献，

给世界增添光彩：

要么培育出健康的孩子，

要么留下花园一块，

抑或是改善社会条件；

尽情娱乐、笑得畅快，

把欢乐的歌唱起来；

甚至知道一个生命活得自在，

因为你的一路走来……

这就是成功的内涵。

一味追求第一，让孩子的品德有失偏颇

一个就读于韩国一所名校的高中生潜入没有人的教务室偷走了期末考试试卷，由此考出了全校第一的成绩，结果却被学校发现。比自己早一步考入重点大学的姐姐，让这个孩子平时备受压力；周围人的比较，让这个孩子做出了一个错误的决定。父母一味追求第一的价值观被孩子继承，让孩子成为只看重自己的私欲而忽视良心谴责的“新新人类”。因为满足自己的私欲而忽视他人所要承受的失落感，并非只有这么一个案例，冠军主义让孩子形成了不择手段地获得结果比光明磊落努力的过程更重要的意识。

品德？那是什么东西？

通过校园暴力，我们不难看出青少年品德教育出现的严重问题。韩国青少年暴力预防基金会发布的《2011年校园暴力情况调查》显示，遭受过校园暴力的学生比例达18.3%，加害率达15.7%，遭受暴力的学生中有过自杀冲动的占31.4%。

根据新闻报道，针对青少年的一项调查显示，有过校园暴力经历的学生，在2007年为30%，2008年为35%，而到了2009年已经达到了50%。尽管相关部门为杜绝校园暴力的发生做过很多努力，但是校园暴力还是一年比一年严重。当然过去也有过校园暴力，但是发生频率和强度也确实没有现在严重。

都说“三岁看大，七岁看老”，这句话的意思是儿童时期的习惯会一直延续到成年。也就是说，小时候的经历和习惯对孩子成人后的生活会产生很大的影响。在孩子很小的时候，为他树立一个正确的道德观，这将会影响孩子整个人生。

从不遵守公共道德的层面就可以看出现在的青少年多么缺少品德教育。在大街上经常看见过马路闯红灯、乱扔垃圾、随地吐痰的学生，在地铁上毫不掩饰地做一些不雅行为的学生，以及在餐厅里大声喧哗的学生。

青少年饮酒抽烟也是一种缺少品德的表现。韩国统计厅进行的国民健康营养调查显示，青少年开始吸烟时间每5年会提前1年。每5名高三学生中就有1名吸烟者，其中吸烟的男生占所有人数的24.7%，女生占13.4%。值得一提的是，高三女生的吸烟率比成年女性高出了3倍。和吸烟率一样，饮酒年龄也逐渐呈现低龄化趋势。高三18岁学生中约一半有过饮酒经历，而这其中又有一半左右的学生常常过量饮酒。更令人惊讶的是，35.9%的学生有过醉酒经验，醉到不省人事的占8.9%，有酒后性经验的也占到了2.8%。

当然，青少年的吸烟饮酒可能是对一成不变的规矩的反抗或者只是简单的叛逆行为。大人们所说的成长发育阶段吸烟饮酒有害健康，在一些孩子看来也只是为了限制他们的自由而设立的枷锁。在青少年圈子里饮酒吸烟还可以作为一种自我炫耀的手段。但是和这些青少年开诚布公地谈一谈就会发现，他们自己也深知吸烟饮酒的危害，即便如此可他们并不会和道德伦理画上等号。

为什么现在青少年的道德意识越来越薄弱了呢？现在过于强调成绩，以及激烈的竞争结构是引起这些问题的核心。朋友是为得到更好的成绩而需打败的竞争对手。因为成绩变得比友情更重要，所以朋友已经成为必须打败的敌人。

很多心理学家表示，校园暴力的根本原因在于当今过度的竞争。应试教育使孩子用暴力的方式将无处发泄的压力表现出来。欺凌弱小成为孩子宣泄考试和竞争压力的渠道。为了宣泄，孩子不惜牺牲最基本的道德品质。只承认胜者的竞争体制，导致在赢者为王、败者为寇的文化里没有人会温暖地抚慰败者，也没有对弱者的关怀。社会已经形成了不重视这种品德教育的氛围，所以对于孩子来说，朋友已经不是需要互相帮助的对象，而是要踩在脚底下的对手。

先拿第一后谈品德

不尊重孩子的个性，用统一化的标准激起孩子之间的竞争，这样的教育意识成为孩子缺乏品德的最大原因。但是，如果连父母都认同了这种教育方式，并采用其来教育孩子，这无疑会让孩子更加失落。

现在的家庭已经成为保障孩子拿第一的非常对策委员会。除了学习，父母和孩子之间已经没有什么可聊；除了成绩，父母对孩子已经没有什么期待。生长在这样的氛围里，孩子为了拿第一，已经无法思考是非对错了。他们觉得弱者并不是需要保护和帮助的对象，而是为了竞争必须踩在脚下的对象，是自己所要利用的对象。父母如果无法放下对第一的欲望，那么再怎么强调孩子的道德品质都无济于事。

善待他人是从父母那里学会的，“己所不欲，勿施于人”的价值观要通过成长实践才能变成一种信念。孩子如果没有学会对他人的尊重，那么就会因为欲望而无法深刻地认识到自己的行为对他人造成的伤害。

品德是通过小时候的经验和习惯形成的。假设父母给孩子报了两个课后辅导班，他们虽知道孩子往返于辅导班之间是一件多么辛苦的事情，但是想想孩子今后可以免受一些苦，父母就会反复叮嘱孩子一定要加快速度千万不要迟到。一节辅导课结束后，孩子马不停蹄地赶往下一个辅导班，但是发现有很多人正在等电梯。如果按照顺序乘电梯就会迟到，孩子是会为了避免迟到而不惜加塞儿呢，还是会按顺序等待呢？

站在父母的立场好好地想一想这样的情况，如果是你，你会教育孩子遵守公共道德比不迟到更重要吗？你是会教育你的孩子即使迟到也不要加塞儿呢，还是会教育孩子绝对不能迟到？当然，没有一个父母会教育孩子即使加塞儿也要准时上辅导班，更没有一个父母会教育孩子只要自己获得成功，即使对别人造成伤害也无所谓。但是品德不是不这样教育就可以自然而然形成的。

通过网络，我询问了1000名从小学五年级到高中三年级学生的家长，“在教育孩子的时候什么最重要”。16.7%的父母认为道德教育最重要，也就是说父母也知道道德教育在家庭教育中的必要性和重要性。但是事实上，家庭对孩子的道德教育并不令人满意。现在不比过去，祖孙几辈人生活在一起，孩子可以通过生活经验自然而然形成道德观。现在的家庭通常只有一两个孩子，所以父母容易溺爱孩子。为了满足孩子的要求，父母有时会忽略给孩子树立一个正确的道德意识。前面的例子中，老师因怠慢自己的学生而遭到学生家长的暴力，这种案件让我们看到了道德的缺失。即使学校想为孩子进行道德教育，有些家长也会以浪费宝贵的学习时间为由而出面反对。无论是在家庭还是在学校，孩子应受的道德教育都在逐渐减少，甚至消失不见了。

孩子缺乏自我调节能力是道德教育的失败，更准确地说，是道德的缺失。

过去大家庭生活中，道德是自然而然形成的。很多人生活在一起，在这种生活中无须特别地教育，孩子通过家庭成员之间的接触自然而然就能接受道德教育，树立道德意识。仅仅靠大家族生活在一起，孩子就自然地学习了为人处世、善待他人的方法。但是环境变了，父母都是上班族的家庭越来越多，人们过多地追求物质使孩子的教育更侧重于怎样获取更多的知识。

道德的核心是善待他人与自我调节。在道德观不成熟的情况下，发生摩擦或碰到危机情况，孩子就会因失去理性而感情用事。

对于孩子来说，道德教育的缺失让他们觉得为了达到目的可以不惜任何代价。孩子为了上一所更好的学校而争分夺秒，他们无法判断对错是非。孩子不会关心自己的行为是不是给他人带来了伤害，不会考虑会给他人造成怎样的影响。只要能够解决眼前的问题，他们认为别人的看法和别人所受到的伤害都是和自己毫无关系的。这样的思维方式击垮了传统的道德观和价值意识，会更进一步破坏道德基础。因为小时候没有受到任何道德教育和训练，以及父母对于孩子成绩的追求都让孩子成为无理取闹、没有礼貌的一代。对此，我们应该做深刻的检讨。

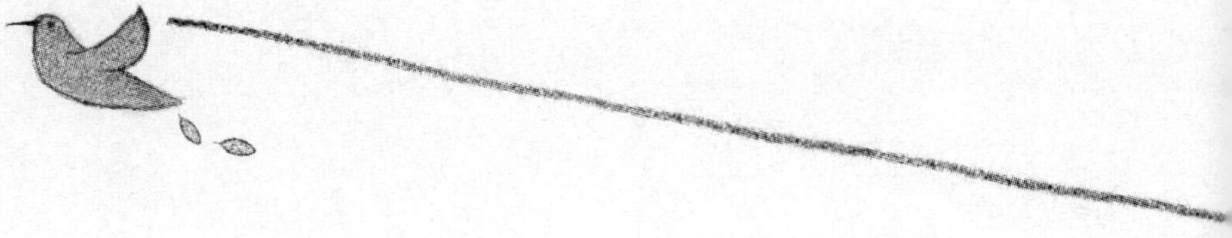

CHAPTER 4

父母的职责发生改变

“疯狂就是一再重复相同的事情，却期望得到不同的结果。”

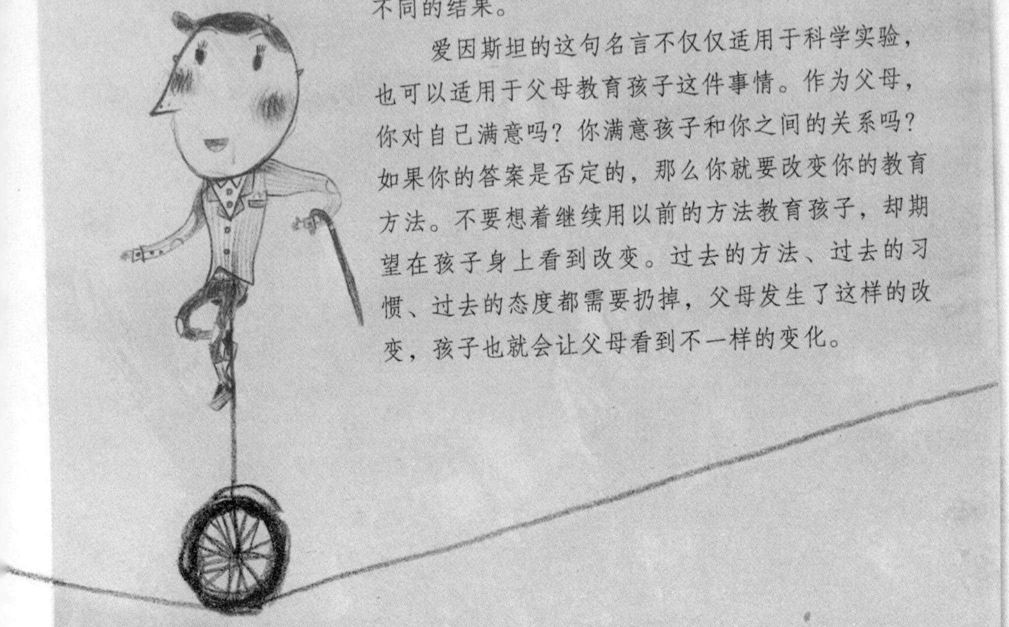

爱因斯坦的这句名言不仅仅适用于科学实验，也可以适用于父母教育孩子这件事情。作为父母，你对自己满意吗？你满意孩子和你之间的关系吗？如果你的答案是否定的，那么你就要改变你的教育方法。不要想着继续用以前的方法教育孩子，却期望在孩子身上看到改变。过去的方法、过去的习惯、过去的态度都需要扔掉，父母发生了这样的改变，孩子也就会让父母看到不一样的变化。

寻找父母新的职责

在过去，父亲负责家庭的生计，母亲负责教育孩子，父亲和母亲的职责是有严格区分的。孩子只能顺从父母绝对的权威，忤逆父母就是一种违背伦理道德的行为。

但是时代和文化氛围都变了，过去侧重于父母特别是父亲的决定权已经渐渐转移到母亲和孩子身上。传统的严父已经不受任何家庭欢迎了。现在的家庭中，父亲的职责已经越来越模糊，孩子有时甚至“不知道爸爸在家里是干什么的”。

再加上双职工家庭的增加、子女数量的减少等因素，现在依附于血缘关系的权威越来越薄弱，这无疑是无法让孩子一味地顺从父母的。也就是说，父母这个角色已经无法轻易地使孩子顺从了。

现在社会，父母的职责越来越艰巨

信息化时代的开启，让父母的职责更快速地发生了变化。信息化让我们更容易、更快速地接触信息，也为我们减少了搜集信息的时间，并提高了信息的准确性，但也挑战着父母曾经在获取信息上占有的绝对优势。孩子可以比父母更快、更准确地获得信息。现在已经不能像以前那样用只有父母知道的信息，来强硬地指示、教育孩子了。孩子可以通过网络轻而易举地判断父母提供的信息是否正确。父母没有一条比网络更能获取丰富而准确的信息的渠道，所以在和孩子的关系上他们已经不再占有绝对的优势了。因此，当今社会做父母已经越来越难了。

韩国正在转变成为一个多文化社会，有很多外国人居住在这里，而数百万名韩国人选择在国外居住或者留学。先进的数码设备让世界成为地球村。十几岁的青少年可以和地球那一边的乌拉圭作家实时交流，可以和非洲的公务员交换经验意见，可以和在欧洲流浪的吉普赛人聊天。

过去，父母可以劝告孩子不要和问题学生交朋友，可以在某种程度上限制孩子的行为。但是现在，父母是没有办法进行这类限制的，因为父母很难确认孩子是不是真的在和问题学生交朋友。

最根本的原因是社会结构变得越来越复杂，而社会成员如果不能适时提高自己，就无法在社会上生存。过去，父母可以通过自己以前掌握的知识来教导孩子，但是现在不要说初中生、高中生，就连小学高年级孩子的课业辅导都变得很困难。

不仅仅是因为课业内容，学习方法和未来职业规划都和以前完全不同。现在，每个大学的考试成绩所占的比重也不同。有些大学必须要有相关的实习或实践成绩，有些则可以选择，有些甚至不需要。这种复杂的方式还牵涉孩子未来职业的规划，所以父母能为孩子给出的意见变得越来越少了。

孩子和朋友之间的关系也已经超乎了父母的想象。虽然分享友情、共同创造美好回忆等内容没有什么变化，但是和父母那个年代相比，现在孩子之间的友情还是有本质上的差别的。现在，青少年经常在网上用聊天工具交友，并会使用大量的网络用语来交流。大部分父母可能都不知道这些词的意义，即使知道词义也很难接受这样的文化。但是，不可否认的是，对于孩子来说，通过网络上的交流也能形成人际关系。因此，现在孩子的世界中确实有父母难以想象和无法理解的事情存在。

所以现在的父母无法再继续仅靠自己的经历和经验来教育孩子。“爸爸小时候就是这样，所以你也要照做”，这种话已经无法再给孩子带来任何感动和训诫。有些事，父母自己都没有做好，怎么能要求孩子做好呢？过去，父母在教训孩子时只要稍微提高声音就会有效果，但是现在这种方法已逐渐不能在孩子身上见到效果了。

现在的父亲不仅要能赚钱，还要做家务、陪孩子玩儿，只有这样的父亲才会获得孩子的认可。过去只要做好其中一项工作，就能被称为好爸爸，但是现在却要成为样样精通的“全能选手”。以前只要是贤妻良母型的妈妈就能得到高分，但是现在不仅要教孩子学习，还得帮孩子找一所好的课外班、好的辅导老师，帮孩子交朋友，甚至还要去学校帮孩子做值日。只要怠慢其中的任何一项工作，妈妈就会听到孩子的抱怨。

社会确实发生了改变，也还在继续改变，这要求父母履行和以前完全不同的职责。父母要不断地询问、思考，自己职责中什么是不应该改变的，什么是必须改变的。如果不定出一个优秀父母的标准，就无法成为优秀的父母。都不知道怎样才能算是伟大的父亲、优秀的母亲，又怎能成为这种父母呢？制订了时代所需要的父母的标准后，就要竭尽所能地去实践。一定要先认识到现在做一个优秀的父母比养家糊口更难这样一个事实，然后再不断努力去成为一个优秀的父母。

如果不能理解父母和孩子之间应有的关系，就想象一下公司管理者和员工之间的关系吧。在公司，管理者会向员工提出业务方向和目标，员工就会根据管理者所制订的内容去工作。在工作过程中，管理者会对员工进行适时的战略指导，让员工可以更快、更优秀地完成工作。一段时间以后，管理者会给员工评价和反馈，以此来督促和培养员工。但是如果这个企业文化过于专制，那么这一连串的过程也可能只是领导下达命令、员工按照指示行动的上下垂直关系。

但是父母和孩子要维持彻底的水平关系。抛开年龄的大小，抛开孩子是通过父母来到这个世界上的纽带关系，父母与孩子要尊重彼此。父母不能因为地位的优势而想要控制孩子的行为和思想。如果孩子向父母表达了自己的想法和意见，父母就要学会倾听，为孩子提供更好的办法。

在正确履行父母职责时，最实际有效的方法就是父母效能训练PET（Parent Effectiveness Training）。这是由企业咨询专家托马斯·高登提出的。他认为适用于提高企业管理者和员工关系的对话技巧，同样适用于父母和孩子。20世纪60年代初，他第一次发表了这个方案，之后该方案在全世界被广为使用。高登说：

“孩子不是在反抗父母和老师，而是抵抗他们错误的训育方法。”

很多人错误地认为，孩子的出生就会带来父母这个角色。其实要想成为优秀的父母就要付出相应的努力，接受相应的教育。但是有些父母因为碍于自己的面子，或者认为没有必要，而拒绝接受这种作为父母的训练。高登对此强调，父母这个角色也需要进行训练。训练越早效果越好，越早训练就能越早掌握更好的教育孩子的方法。

不要控制要尊重

经营学家认为，可以根据人类的行为结果来进行补偿和处罚，以此来赋予人类劳动的动机；可以根据工作的结果进行升职、奖励或者减薪、解雇，以此来管理自己的员工。员工也已经习惯这样的管理体制，所以即使会有抱怨，也还是会为了升职和奖励而继续努力。换句话说，经营者们认为只要监视、记录、评价员工，并按照结果对员工进行补偿或者处罚，就能达到经营目的。

但是现在也有很多人偏向于另一种观点，即人之所以会充满热情地工作，是因为人的内在动机。《工作时的内在动机》的作者肯尼斯·托马斯在书中提到，人之所以热情、疯狂地专注于自己的工作，是因为四种情况：人们在认为自己所做的事情有价值的时候，认为自己对工作有选择权的时候，认为自己有充分的工作能力的时候，认为自己通过工作提高了自己的时候。在这里尤其要关注的是“认为自己对工作有选择权的时候”。

我们到底能为孩子提供多少可以自己选择的机会呢？是不是孩子已经到了可以自己选择自己要做的事情，可以为自己所做的选择负责的年龄，但是父母却因为担心孩子而非要将孩子掌控在自己的手心里呢？是不是还在一一地对孩子进行干涉，或束缚孩子呢？

一定要记住，如果父母给孩子指定了前进的方向，那么还要想办法让孩子享受前进的过程。这条道路上有花、有草、有树、有鸟，但是如果是按照父母的指示踏上了这条道路，孩子就无心欣赏路边的这些风景了，因为对他们来说到达父母所指定的终点才是最重要的。但是，如果赋予孩子自律性，孩子不但会想着到达终点，还会懂得去享受这一过程，进而学会对自己的行为负责。要知道，再努力的人也赢不了懂得享受过程的人。

回想一下2002年世界杯，韩国700万人自愿来到街上热情地为选手呐喊助威，比赛结束后还把街道打扫得干干净净。他们自愿来到大街上，这种行为并不带有任何补偿意义。为世界杯加油的热情，让我们清楚地了解到加油本身就是一件愉快的事，用热情去获得某一种成果时的喜悦是不能用任何东西交换的。

《成为乘法领导者》的作者利兹·怀斯曼，用20年的时间对35个国际企业的150多名领导者进行了研究。他表示，父母之所以不愿意为孩子赋予自律性，是因为自己小时候的经历。因为已经经历过什么样的方法是有益的，什么样的方法是有害的，所以父母以为只要按照自己所说的就能替孩子节省时间，获得成功的捷径。另外，父母想要保护孩子的愿望，演变成引导孩子往更安全的道路前进。

世界一流战略大师加里·哈默尔教授对近期的企业经营所存在的问题做了整理。

第一，企业无法摆脱以官僚主义为基础的垂直性结构，使得领导者和员工之间无法进行顺畅的沟通。

第二，公司把员工视为小孩子，不能让员工充分发挥潜力。

第三，由于身处这样的环境，员工无法满足于自己所担任的工作，不能投入到工作中去，经历着不那么令人满意的职场生活。

哈默尔强调改革的方法有很多种，例如产品改革和战略改革，但是最重要的改革就是管理者的管理改革。改革源于人，所以要为员工提供可以发挥创意的环境，赋予员工创新的动机。想要做到这些，最重要的就是改革管理方式。管理者不是对员工一一进行管制，而是定出目标让员工自己思考实行方法，自主进行实践。

哈默尔还表示如果给人赋予动机，让其可以自由地发挥想象，就能获得意想不到的收获。而且要想成为对企业有贡献的人，最重要的是热情、创造性和推进力。热情是克服困难、达到目标的力量，不是被别人强迫就能产生的。人只有自己对某件事情产生兴趣或好奇，才会对它充满热情。

孩子也一样。以前保守的文化使孩子在家里被要求无条件地顺从。父母的话就是真理，是不能违背的。但是，加里·哈默尔表示，像知识广博和勤奋这样的特质，在现代经营中是很容易获得的，对企业今后要取得的成果也没有特别的附加价值。父母也一样，现在应该让孩子学会自己点燃热情，而不是一味地要求孩子顺从。

—阻碍父母和孩子对话的12个“绊脚石”—

❶ 命令、强求

“一定要做……”

“不要做……”

这会导致孩子产生抗拒心理，会滋生孩子的叛逆。

❷ 警告、威胁

“如果不这么做，我就罚你……”

这会诱发孩子产生恐惧和盲从的心理，也会成为孩子对父母抱怨和愤怒的诱因。

❸ 训诫、说教

“你当然得做……”

“你的责任就是……”

这让孩子产生压力和罪恶感，让孩子认为无法获得父母的信任。

❹ 忠告，提供解决方法

“这样做行不行呢？”

无法培养孩子独立解决问题的能力，让孩子对父母产生依赖。

❺ 说服、争论

“这件事的重点是……”

“别人处理这件事情的时候……”

让孩子产生防御心理，拒绝听父母的意见。如果被父母说服，就会产生自卑感和无力感。

❻ 批评、谴责

“这是不对的！”

“所以我不是让你注意一点儿吗？”

孩子会以为父母所批评的就是事实，认为自己很没用，进而会怀疑自己的判断能力。

❼ 无条件地赞成、表扬

“哇！做得真好！”

“你什么都会做！”

这暗示了父母对孩子的期待特别大，而且容易让孩子产生父母在监视自己是否按照要求去做的感觉。

❽ 辱骂、嘲讽

“像个傻子一样！”

这会让孩子贬低自己，觉得自己没有得到爱，也会对孩子形成自我产生消极影响。

❾ 分析、诊断

“就因为……你才会……”

“你的错误就在于……”

这会让孩子害怕和父母沟通。

❿ 同情、安慰

“不要担心，一切都会好起来的！”

和孩子感情无关的同情和安慰，会主观地弱化孩子身上发生的问题，这反而会诱发孩子对父母的敌对情绪。

⓫ 审问和质问

“为什么要那么做？”

“是和谁一起做的？”

如果孩子回答问题，就会引来父母的责骂和唠叨，所以孩子有时就会选择说谎或者逃避。

⓬ 转换话题、后悔

“那件事就到此为止吧。”

在遇到困难的时候，孩子会和父母一样选择回避；或者，孩子在发生问题时，不会将父母考虑为可以商量的对象。

孩子的四种类型

日本京瓷集团董事长稻盛和夫认为，人可以分为三种类型：可燃型、不燃型、自燃型。可燃型是指，虽然可以点燃，但是要被动地受到周围影响的人；不燃型是指，即便周围为其注入能量也很难燃烧的人；自燃型是指，即使没有人点燃也能自己燃烧起来的人。我在这里再加上一个消火型。消火型，顾名思义，就是指非但不能点燃，还会消灭他人的热情之火的人。这类人带来的影响比不燃型更加消极。

孩子也能分为四种类型：即使没有人指示也能自己做的自燃型；需要父母连哄带骗才能行动的可燃型；再怎么说也不听，让父母着急的不燃型；连兄弟姐妹的热情都能熄灭的消火型。

有梦想才能成为自燃型的人。这种类型的人即使没有人指示也会自己追寻梦想、点燃激情，不被他人诱惑。这样的孩子因为有梦想带来的热情，所以总能表现出积极的态度，还会把这种能量分享给别人。

制订适宜的决定权标准

父母要改变决定权的标准，不再依附于过去价值观的标准，而要根据变化的环境设定相应的决定权标准，并和孩子一起遵守这个标准。那么怎样制订适宜的决定权标准呢？

第一，要以未来为标准，而不是过去。如果以父母认为并不遥远而对于孩子来说却很遥远的过去为基础，来制订决定权标准，那么孩子和父母之间就有可能存在矛盾。如果父母以未来为基础，那么孩子和父母之间就会产生共鸣，并可以制订出正确的标准。

第二，要以孩子为标准。父母如果是生产者，那么孩子就是消费者；父母如果是厨师，那么孩子就是饭店的顾客。以供给者为中心的企业是无法生存的。企业的成长需要站在顾客的立场上，为顾客提供所需要的价值。父母也要为孩子提供他所需要的。要想做到这一点，就要以孩子为标准制订决定权标准。当然，这不是说要无条件地满足孩子所有的需求，而是要认真考虑标准是不是真正从孩子的角度出发而设定的。

第三，要以现实为标准。孩子很少会被父母小时候穷困潦倒的陈年往事感动。虽然他有可能会被父母赚钱供自己上大学这类的事感动，但是他并不想过父母小时候那样的生活。虽然父母没有意识到自己所经历过的环境和孩子所处的环境是完全不同的，但是孩子是知道这种不同的。这就是父母的经验对孩子没有任何效果的原因。所以父母要抛开自我经验的框架，对现实进行准确的认识，设定符合现实的标准。

第四，要以肯定的态度为标准。父母常说的“我做过，但是行不通”，可能真的是基于过去的标准，但是也有可能是受一种消极的心态所驱使的。父母始终要以积极肯定的态度为基础制订标准。着眼于孩子的可能性制订标准，还可以培养孩子的挑战精神。而且可以肯定的是，答案始终都隐藏在积极的想法中，而不是消极否定的想法中。

完美的父母更糟糕

一直在研究母亲和孩子之间关系的学者多纳的·维尼卡发现，容易毁掉孩子的竟然是追求完美的妈妈。父母力求完美的努力是妨碍孩子发展的罪魁祸首。维尼卡表示，正确的方式并不是追求完美而是足够优秀。一个好妈妈不仅可以给予孩子爱，还要让孩子感受适当的挫折，也就是将热情的爱和理性的爱结合在一起。想要更好地履行父母的职责，就要变成足够好的父母。

父母有时在阅读有关子女教育方面的书籍之后，会感到后悔。因为在阅读书籍的过程中，父母会觉得内疚，觉得亏欠孩子。自己没有更好地对待孩子，或不清楚事情的前因后果就训诫孩子，回想这些会让父母陷入遗憾之中。这种后悔会给父母带来力求更完美的压力，这种压力还会被强加给孩子。

但是我敢断言，世界上没有完美的父母，即使有，这样的父母也不是帮助孩子获得成功的父母，而是孩子成功路上的“绊脚石”。对年轻的父母而言，重要的是不断去思考想要成为什么样的父母，为了孩子怎样更好地履行父母的职责，然后持续地修正、完善以及实践自己的职责。

父母要成为咨询顾问

2011年年末的某一天晚上，A和上小学四年级的女儿在家享受着难得的休闲时光。不久，A发现女儿在接到短信后显得特别不高兴，虽然有些担心，但是他也没有多想。在接下来5～10分钟里，每过几秒，就有一条短信，而女儿也显得特别焦躁不安。A开始觉得不对劲儿，便立即查看了女儿手机里的短信。

短信是女儿班上的同桌B发过来的。他给女儿发了20条短信，见女儿一直没有回复，就发来了带有脏话的短信。

第二天早晨，A去学校找到了班主任，并希望班主任可以把B叫出来。进入教室的A向着正要走过来的B的胸部踢了一脚，接着将摔在一边的B拎出了教室。A在走廊对B说“如果不想死就给我跪下”，然后又是一顿拳打脚踢。一旁的教师们在慌乱之中制止了A。之后，B的父母向法院提起了诉讼，使这个事件发展成了法律纠纷。

我爸爸是终结者

事后，A在韩国地方教育厅的网页上留言表示自己是大学教授，这让人们更加关注这个事件。而大家对这件事情也有着截然不同的两种意见。关于体罚和B所发短信内容之间的认知差异，还有性别差异等多种因素形成了这两种不同的意见：有人拥护殴打B的A，也有人谴责A不理智的行为。

我认为，看待问题的不同角度可能会造成意见上的分歧。但可以肯定的是，这件事不能偏袒和支持任何一方。这也从侧面表示，在飞速发展的时代中，想要成为优秀的指导型父母有多难。在教育孩子的问题上，普遍、正确的答案越来越少，要分场合和时间采取适宜措施的事情变得越来越多。

没有一个父母看到自己的女儿收到脏话短信还能坐视不管；同样，也没有一个父母看到自己的儿子被同学的爸爸殴打而不吭一声。但是这个事件中，双方父母犯下了一个共同的错误，那就是在孩子的问题上，他们没有正确区分自己能做的事情和不能做的事情、该做的事情和不该做的事情。

如果父母不能意识到，处理孩子事情的时候也要“有所为有所不为”，就无法成为好父母。而且在可以做的事情中，父母也要果断放弃不应该做的事，这样才能获得孩子出自真心的信任和尊敬。但是有些父母甚至连自己不能做的事情都想去做，更进一步地还想做不应该做的事情，就好像自己是问题终结者，能替孩子解决所有问题。

父母绝对不是终结者，而且也不能成为终结者。当然有些问题是需要父母出面替孩子解决的，但是孩子越大，父母能替孩子解决的问题就会越少。父母如果替孩子解决不应该为他解决的问题，反而会让事情变得更复杂，问题也会更多。所以，即使有时觉得生气，也要学会等待；即使心疼孩子，也要学会在背后给予孩子解决问题的智慧。

成就“长不大”的终结者父母

父母成为顾问，等待和忍耐孩子自己解决问题，这比出面为孩子解决问题需要更多的时间和精力。要想成为顾问，就要学会控制自己的情绪，要忍受内心的烦躁，更要全心全意地帮助孩子，使其具备自己所需的能力。如果说终结者是亲自为患者开刀的主治医生，那么顾问就是帮助患者进行康复训练，进而战胜疾病的康复训练师。

要想成为好父母，就要放下那种事事都想为孩子出头的急躁心理。父母出面替孩子解决问题可能会收到短暂的效果，但是大部分情况下，这只能带来更坏的副作用。孩子会因有父母撑腰而制造更大的麻烦。如果父母扮演终结者的角色，会给孩子带来致命的伤害。这种父母培养出来的孩子无法养成客观认识情况的能力。孩子会以为父母维护自己是理所应当的，会失去客观冷静的判断能力，而按照自己的情绪和感情处理事情。

更加严重的是，父母自己没有意识到，这种对孩子的干涉是无法让孩子获得自信的。如果没有获得自信或者获得自信的时机被推迟，孩子进入独立自主人生的速度也只能被延迟。

“长不大”也就是英语的kidult，是指虽然肉体是成人，但是精神上还不成熟的人。我们常常能看到大学生或者已经参加工作，甚至结婚生子的人，仍然在“装嫩”，不愿长大，也抗拒长大。

孩子之所以会成为“长不大”，是因为父母事事都要替孩子解决。“长不大”从小就按照父母的指示去行动，从来没有通过自己的能力去决定或解决任何事情。终结者父母甚至还想帮孩子解决友情问题。父母用自己的尺度衡量这个朋友是不是对孩子有帮助，然后让孩子跟这个人交朋友，不跟那个人交朋友，替孩子决定交友的范围和是否要维持这段友情，而根本不会考虑孩子有多喜欢那个朋友、两个孩子有多么谈得来等，这些最基本的人际关系属性。

孩子再大一点儿，在就业结婚的过程中，这些父母也会根据自己的经验来为孩子做决定。这些成长在父母羽翼下的孩子，因为从来没有自己做过任何选择，也就不可能知道选择所带来的责任。这些不知道责任的孩子，就会成为肉体是成人、思想是孩子的“长不大”。

美籍韩国人陈京慧女士通过家庭学校让自己的一双儿女考上了大学。人们称这对兄妹为“小爱因斯坦”。这对兄妹表示，他们一直以来只是按照自己的意愿生活而已。他们的母亲以长远的眼光发现了孩子身上的潜力，为了培养孩子的创造力，给孩子提供了自由思考、活动的机会。她让孩子玩沙子，用沙子制作各种各样的形态，以此来培养孩子的创造力；让孩子自由地在图画本上画画，以此来培养孩子的想象力。她也从未亲自出面为孩子解决问题，而是作为顾问，提示孩子解决问题的方法，鼓励孩子自主完成和解决问题。

父母要看到一片树林

两年前，韩国的一则公益广告中有这样几句广告语：

“父母让我们看远方，家长让我们看眼前。”

“父母要我们去梦想，家长却从不给我们去梦想的时间。”

如果是父母就会鼓励孩子拥有梦想、看向未来，而家长就只会让孩子埋头苦学。看似相似的两个词，意义上却有这样的天壤之别。

父母要看到远方一大片树林，培养孩子独立思考和判断的能力。但是终结者父母只能和孩子一起看着眼前的大树，只想着解决眼前的问题。父母应该成为顾问，为无法看到一整片树林的孩子拓宽视野。

这种可以看到整片树林的父母懂得忍耐，不会夸大孩子的失误，会考虑各种可能性，尊重孩子的想法，并通过这样的过程发现孩子的能力，为孩子提供可以获得这种能力的方法。顾问型父母会引导孩子发现完成人生目标的方法，让孩子自己获得过幸福人生的能力。

好父母不是终结者而是咨询顾问。孩子生病了，父母恨不得自己替孩子生病。如果真的有这样的方法，相信很多父母真会这么做。但是，即使很想亲自出面帮孩子解决，也要懂得忍耐，在孩子的身后鼓励他自己思考问题，找到解决方法并将其实施。

父母要成为学习者

近年来，随着社会节奏变得越来越快，自我开发变得越来越重要。自我开发最主要的目的是为了提高自身价值，进而获得自信。现在是不断学习的时代，如果不学习就会被别人甩在身后，自我价值也就会下降。通过自我开发，人们了解生命的意义，从而找到自我。很多职场人士为了提高自己，或是自愿或是被动地挤出时间去考取更多的资格证。说得现实一点儿，自我开发是为了在职场上存活而做的努力。

父母学，孩子也会跟着学

对孩子来说，最好的教育就是父母的生活态度。即使已经成年，但是为了提高自己的能力而充满热情地去学习，这样的父母正是孩子的“活教材”。父母为未来做准备，这种勤奋的态度会给孩子留下深刻的印象。

有的父母因为生活所迫，而无法或者干脆放弃了提高自我能力。如果说平时是因为工作忙，而周末的休息时间却只会躺在家里看电视，父母的这种生活态度会被孩子看在眼里，久而久之孩子就会继承这样的态度。

我认识一对四十多岁的夫妻，他们有三个孩子。一直比较优秀的大儿子在进入中学后成绩一落千丈，这对夫妻决定让儿子进行预习，但是这种学习方式遭到青春期儿子的反抗。这对夫妻起初以为这是正常现象，但是他们给孩子造成的学业压力，让孩子在性格上发生了改变，孩子不再像从前那样善良懂事。如果这对夫妻没有干涉，孩子可能就会按照自己的方式继续学习。孩子认为什么都不能自己做主，从而产生了逆反心理，最终走上了歧途。

在这之后，这对夫妻对自己的行为进行了反思。妈妈觉得，既然这样的方式只能让自己和孩子的关系变得越来越糟，那么不如果断放弃之前的学习方法。虽然她知道放弃并不能解决根本问题，但是她意识到要从自己开始展现出改变的态度，才能避免因小失大。妈妈还听从了爸爸的意见，阅读了有关子女教育的书籍，听取了相关的讲座，进而更加确定父母要先改变。

这对夫妻首先搬走了客厅里的电视，将客厅装饰成了书房，让家人可以坐在一起看书。刚开始，孩子们也表示了不满，常常会趁父母不在的时候偷偷看电视。每当这时，夫妻俩就会将电视机的电线拔掉。而且为了做表率，让孩子们看到变化，他们一直坚持在客厅看书。终于，孩子们也逐渐接受了坐在父母身边看书的方式。而妈妈为了让孩子们看到自己不断尝试挑战的生活态度，还报考了咖啡师资格考试。爸爸也通过报考金融类资格考试，让孩子们看到了不断学习的生活态度。

听说现在，如果这对夫妻提议一起去图书馆，孩子们会争先出门。到图书馆，他们不会强求孩子们选择什么样的图书，孩子们可以自由选择。这样的情况反复而持久，孩子们自然地继承了父母的行为态度。这对夫妻表示，从父母开始，从一件小事开始，以身作则，做出表率，比反复跟孩子强调应该做什么有更积极的影响。

父母有不断提高自我能力的态度，孩子也会继承父母的这种态度。父母通过自我开发得到快乐，孩子也会受到影响。

曾经在一本期刊上看到过一篇题为《父母也要学习的时代》的文章。这篇文章中提到，一个女生期中考试全年级名次之所以有很大的提高，并不是因为高昂的课外辅导，而是因为爸爸认真学习的态度。女孩的爸爸在一家饭店当厨师长，他以不惑的年纪开始了大学生活，并且现在还在职业学校兼任教授。他每天会学到凌晨4点，一年内获得了7个烹饪大赛的大奖，下班后的时间几乎都是在书房里度过的。周末，他也从未停止学习的脚步。看到这样的爸爸，女儿自然就关掉了电视和电脑，然后开始学习。爸爸看到了女儿的改变，也觉得很欣慰，也就更加努力地去学习。

这篇文章还提到一个考上理想大学的高中生，他表示自己家庭的氛围就像一个图书室。

“即使很晚回家，我也能看到父母坐在一起学习。看到父母那么认真地学习，我觉得自己也应该那样做。”

这位高中生的爸爸每天下班后都会和孩子简单地聊一聊，然后就一直在书房里学习。父母表示，很久之后孩子才知道“爸爸也在学习”。这件事情本身就对孩子产生了积极的影响，而且孩子还通过爸爸记笔记的习惯认识到了做笔记的重要性。

另外，文章中还介绍了即使不唠叨，也可以让孩子自主学习的几种方法。

第一，父母每天都为自己抽出一些时间，认真做属于自己的事情。

第二，告诉孩子父母自己的奋斗目标，然后为达到目标而努力。

第三，禁止唠叨。即便是偶尔，也要让孩子看到父母学习的样子。

第四，孩子学习的时候要关掉电视，并和孩子一起读书，或者一起安静地度过这段时间。

父母的行为是孩子学习的榜样

《2009年父母对孩子看电视时间所造成的影响》的调查显示，孩子会通过不同的渠道学习到父母的行为和态度，并通过父母的日常状态习得父母生活的方式。孩子的课余生活也会受到父母的影响，当然看电视也不例外。

关于课余生活的研究证明，青少年的课余生活是由儿时的记忆，或者学校教育培养的兴趣和取向所决定的。也就是说，婴儿时期和幼年时期，如果是和喜欢看电视的父母一起度过的，那么到青少年时期，孩子就很有可能会用看电视来消磨时光。所以要想防止孩子过度看电视，父母自己就要先远离电视。

在家庭中，如果一个家庭成员打开电视，其他成员自然就会坐下来一起看电视。所以父母看电视，一般孩子也会一起看。看电视成为习惯的父母会放任孩子看，因此父母要找到可以替代电视的兴趣，才能培养孩子的好习惯。如果找到了能带来成就感的兴趣，不仅是父母，对孩子也会是一个学习的好机会。

当然不能说看电视本身有多么不好。只要观看的时间、内容适当，看电视不仅可以帮助孩子缓解压力，而且还可以学到对孩子有益的知识。因此，应该适当控制看电视的时间，一定要看的电视节目可以和孩子一起看，彼此分享节目中的那些内容。

美国普林斯顿大学的詹姆斯·鲍德温教授是一位从儿童心理的角度出发，研究人格形成的心理学家。他认为："没有一个孩子会听进父母的话，但是也没有一个孩子不按照父母示范的那样做。"

教育孩子最有效、最快速的方法，不是一百句唠叨，而是父母的行为。期待孩子有所改变之前，父母要先行动起来。

为此，父母也要制订明确的目标和理想。目标和理想并不是青少年的专有物，是一个人直至生命结束也不能放弃的。只要不放弃目标和理想，无论它是大是小，我们都可以说自己过了一个有意义的人生。不放弃理想、为了理想而努力的父母会让孩子感到骄傲。为父母感到自豪、真心尊重父母的孩子会对家庭产生更加坚定的信任，会希望从家人身上学到什么。对父母没有期待的孩子会通过其他人来弥补父母所无法给予的部分，从别的地方获得家庭所无法给予的温暖。

成就名人的母亲

父母不一定非要从多么宏伟的事情开始，为孩子树立典范，只要从坚守自己的本分、认真做好自己的工作开始就可以。一对上班族父母在各自的工作中竭尽所能，不安于现状，勇于挑战；全职妈妈在做家务事的时候，为了改善家人的生活质量而努力等。孩子可以通过父母的这种状态获得并产生挑战意识。通过父母的态度，孩子也会开始思考“自己是否也有生活的目标”“作为学生应该怎样做”这样的问题。

“现在的你还需要经历更多，学习更多。”

这是一位母亲经常对儿子说的话。乍一听，这像是母亲对将要步入社会的孩子做出的忠告，但是这个将妈妈的话记在心里的儿子，就是已经成为亚洲第一位常春藤联盟学校（达特茅斯学院）校长、世界银行总裁的金勇。对于已经步入知天命年纪的儿子来说，这句忠告可能有点儿不适合，但是他的母亲全玉淑博士总是担心儿子会自负，所以时刻跟儿子强调谦虚的学习态度的重要性。

金勇总裁的母亲虽已是80岁的高龄，但是直到现在她还是每天坚持读一小时英语词典，以此来提升自己。很多人都对这位培养了世界银行总裁的母亲赞赏不已，但是她却始终谦虚地表示："到现在我还在寻找教育孩子的正确方法。"

"读这本书，让我学习到这些；读那本书，就让我学习到那些。我现在依然是学生，依然是一个有很多不足的母亲。我会一直学习到生命的终点。退溪李滉的母亲养育了八个孩子，却不会写诗，也不曾读过书。但是退溪李滉却认为自己之所以能成为伟大的学者，都是母亲的功劳。重要的不是接受了多少教育，在社会上有多大威望，而是孩子从父母身上看到了多少积极向上、努力的态度。父母也会从孩子身上学到东西。父母和孩子之间的关系是相互提升彼此的关系。"

同样，栗谷李珥的母亲申师任堂，在丈夫去汉阳参加科举考试的时候，独自一人养育了李珥。她在养育了包括李珥在内的七个孩子时，从来没有放下过手中的书。只有这样的母亲才能培养出李珥这样的大学者。值得一提的是，申师任堂还和她的丈夫一同教育了七个孩子。申师任堂学习了当时女人很少会学习的汉文经书，并经常和丈夫一起切磋学艺。文献记载的申师任堂的故事中，也详细描写了申师任堂和丈夫进行讨论的情形。

孩子通过观察关系和睦，但在学习上却相互竞争的父母，会意识到父母不仅是优秀的父母，而且还是值得尊敬的师长。申师任堂让我们清楚地看到了，父母不能只知道为孩子牺牲，更要努力发展自我，这样才能获得更好的教育效果。

申师任堂不仅会诗文，绘画、书法等方面也都精通。申师任堂所画的《草虫图》可以让我们充分感受到她的审美水平。正因为她对自我开发投入了如此多的努力，李珥才会一直将母亲视为师长。申师任堂的故事足以促使现在的妈妈们为自己而努力，并从中了解到不断学习才是最好的教育方法。

一般来说，大学或者研究生毕业，人们就会认为自己的学习生涯已经结束。结婚生子后，妈妈们很容易就会认为自己已经不能再学习了，而要全身心地致力于怎样让孩子学习，所以学习的主体会变成孩子。但是在学习面前，父母和孩子是平等的。学校毕业以后反而可以选择自己喜欢的去学，所以可以学的东西无穷无尽。从某方面来说，现在开始的学习才是真正的学习。这种学习不需要别人强求，可以说是自主的学习。父母为满足自己知识的需求，而不断努力的态度，也会让孩子从中体会到学习的快乐。为了亲身体验这种快乐，孩子也会自己踏上学习之路。

学习好的孩子，或者即使成绩不好但是愿意学的孩子身上都有一个共同点，那就是家庭为其创造了学习的氛围。看电视的时间和学习的时间有明确的区分，使一家人可以一起读书、学习和谈论问题。像这样，如果父母成为不断为自我开发而努力的学习者，孩子也会成为认真的学习者。

—父母对待孩子未来的方式—

虽然父母为了孩子的未来而思考了很多问题，制订了很多计划，但是关于《怎样处理孩子的未来》的问卷调查显示的结果却并非如此。下面是某调查机构对1000名小学生、初中生的家长进行的问卷调查结果。

对待孩子未来的方式

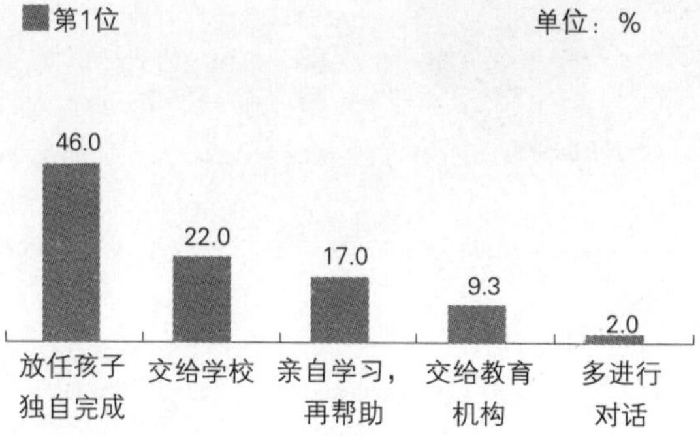

注：本次调查的废卷率为3.7%。

在第1位的选项中，选父母“亲自学习”的占17.0%，而选“让孩子独自完成”占46.0%。这样的结果只能解释为，父母只是单纯对孩子的未来进行过思考，而没有真正做出实践。

关于“为什么将应对未来全权交给孩子”的问题，有52.2%的父母回答“为了培养孩子独自生存的能力”，但这其实是父母放弃职责的借口。“其他”意见中，回答“自己能力有限”的父母占1.3%。可以说，只有这些父母诚实地回答了这些问题。很多父母都用例如“工作忙”“疲惫，想休息”这样的理由来推卸对孩子未来发展的指导责任。父母推卸责任的借口如下图所示。

将选择未来的权利全权交给孩子的原因

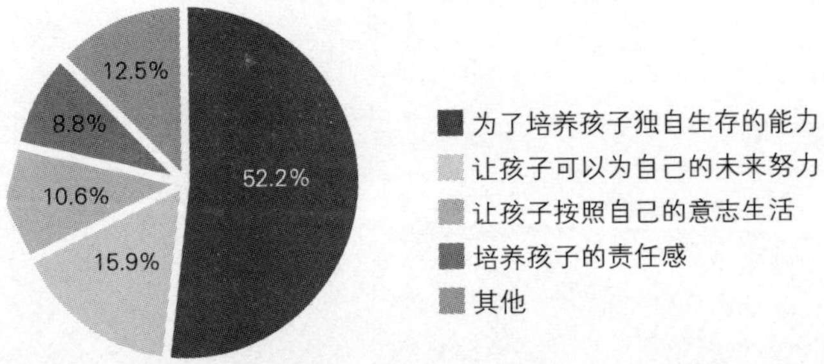

父母是动机激发者

父母要为孩子激发明确的动机。别人可以制造动机形成的条件，但是形成动机、增强动机的还是自己。就好像可以把马牵到河边，但是无法强求马饮水一样，在获得动机的事情上，别人的帮助只是辅助性的，最终还是需要自己获得内在的动机。

《专注的快乐》的作者、美国著名心理学家米哈里·契克森米哈赖博士，针对“用内在动机专注于工作的人”进行的调查显示，这些人身上有三个共同点，即明确的目标、自己可以对达到目标过程中的反馈及时进行处理、符合自己能力的挑战。这些也是激发内在动机的三个条件。

赵璧教授认为，现在的青少年之所以沉迷于网络游戏，也是因为动机。电脑游戏可以激发青少年最强烈的内在动机。首先，游戏有明确的目的。不仅仅是整个游戏，游戏中的每一次行动都有明确的目标。游戏设计者使得玩家玩完这一局又想挑战更有难度、更刺激的下一局，并且参与者可以根据自己的能力不停地挑战。通过了第三阶段就会有第四阶段，即使通过了第四阶段还会有第五阶段，而这一过程中，玩家要具备比前一阶段更高的实力。

其次，电脑游戏会实时给予反馈，让玩家知道自己在游戏过程中的表现。例如，打斗类的游戏，会根据玩家所使用的出拳和踢腿的次数统计出双方使用了多少能量。而且游戏中还可以使用自己所制订的战略，可以看到自己获得了多少个奖品，对方又受到了多少打击。这些很自然地就能激发玩家的内在动机，使其提高自己的实力。

以未来为中心的框架和表扬的技术

想要成功地激发孩子的动机，父母就要像电脑游戏那样，满足契克森米哈赖博士所说的三个内在动机的条件。

为了满足内在动机的条件，父母首先就要懂得用和孩子相同的框架去看事物和现象。父母和孩子之所以产生矛盾，大部分是因为父母用和孩子不同的框架看世界。父母固执地坚持自己过去的经验和地位，只看到自己所处的现实和亲子间的纽带关系，就会产生矛盾。

父母具备以孩子未来为中心思考的框架，那么就已经具备了内在动机的条件。父母和孩子所经历的过去是完全不同的，关于现在的认识也不完全同。而父母所想的孩子的未来和孩子所向往的未来之间的差异，比双方对于过去和现在的认识之间的差异更大。所以父母想要激发孩子的内在动机，就要具备以未来为中心的框架。

父母在养育孩子时，有一个常常会无心犯下的错误，那就是根据行为的结果来进行表扬。例如，孩子认真学习，数学成绩比上一次提高了10分，父母就会表扬孩子，而且产生用什么来奖励这个成果的想法，于是给孩子零用钱，或是买孩子想要的东西。

孩子获得奖励后，刚开始会觉得“考出好成绩不仅能让父母开心，还能拿到我喜欢的礼物，今后我要更加努力地学习”。但是时间长了，孩子对奖励的渴望就会减小。奖励已经变得不再有魅力，还让孩子失去热情。为了激发动机给予奖品，反而降低了孩子的动机。

如果想表扬孩子通过认真学习而得来的好成绩，就要针对孩子的实行过程做具体的表扬，而且要刺激孩子下一次还可以继续做出这样的行为。

“你在准备这次考试的时候，不仅睡得少，每天回家都复习在学校学过的内容，无论多么辛苦都没有放弃。我的儿子真有耐心，真有责任感。妈妈真为你感到骄傲。”

像这样，对孩子认真努力的过程做出具体的表扬，才是正确的表扬方法。

向猛兽学习，给予孩子冷静的爱

有的父母总是会担心，孩子会不会在外面受到伤害，在学校会不会只有自己的孩子落后于人。这种父母总是对孩子充满了担心，他们想为孩子建造一个坚硬的堡垒，让他不受外界的伤害。

父母对孩子的担心，不会因为孩子的成长而减少，反而会增加。孩子可以活动的范围扩大后，他就更容易暴露在危险中，但父母既不能整天跟在已经长大的孩子后面，也无法将孩子放置在危险的外部环境中。

但是如果是那种想要激发孩子动机、成为指导型父母的人，一定要好好克服这种左右为难的局面。不要只知道抱怨，而是要采取随机应变的方法并去实践。

如果让生活在狭窄的动物园笼子里、由饲养员喂养的猎豹，和驰骋在大草原上、吃自己捕食的猎物的猎豹赛跑，谁会赢呢？我想，无论是从爆发力还是从耐力来看，大草原上的猎豹肯定会完胜。

父母都希望孩子可以聪明、勇敢地成长，希望自己的孩子能像在广阔草原上的野生动物一样，学会在激烈的竞争中生存。但是和自己的期望相反，父母将本应驰骋在草原的孩子关进了笼子里喂养。他们像动物园的饲养员一样养育孩子，却希望孩子可以像草原上的猛兽一样坚强勇敢。

父母在潜意识中容易将孩子视为自己的所有物。他们认为孩子在自己的怀抱里，按照自己的指示来做就会更幸福、更安全，并不会把孩子看成是完整的独立体。个别父母甚至是将孩子视为可以遥控的机器人，希望孩子可以按照自己的指示行动。但是这并不是养育孩子，而是在饲养孩子。饲养孩子的父母从不会考虑孩子的意愿。像饲养动物一样，对于饲养孩子的父母来说孩子的想法并不重要。

老鹰在雏鹰从蛋里孵化出来后，会在窝里养育一段时间，但是等到雏鹰长大，哪怕雏鹰飞行困难，也会将雏鹰推到悬崖边。它希望雏鹰可以离开自己的怀抱学会独立。无论哪一只老鹰，都不会错过这一时机。在悬崖边瑟瑟发抖的雏鹰为了生存会拼命扑腾翅膀，然后突然在某一瞬间，它明白了自己也能独自飞翔。老鹰的训练不会就此停止，它会把雏鹰带到更高的地方，然后故意将雏鹰推下去，这样的训练让雏鹰渐渐变得足以自己捕食猎物。

父母如果想正确地履行作为激发动机者的职责，就要向猛兽学习，而不是动物园的饲养员，要给予孩子冷静的爱。所谓冷静的爱，就是为了改正某种行为而严格地制订方向。孩子在经历某种困难和问题的时候，父母要在旁边静观孩子解决问题的过程，而不是亲力亲为地出面解决。不要因为忍不住一时的心疼，而出面降低孩子的痛苦，这只会让孩子成为笼子里的动物。

瑞士教育家裴斯泰洛奇说："孩子有吃的权利，孩子有玩的权利，孩子有睡觉的权利，同样孩子有接受批评的权利。"如果想让孩子成为"猛兽"，父母就要懂得这种冷静的爱。总是给予热烈的爱，就会让孩子变成无法走出笼子的猛兽。只有父母像猛兽一样发挥冷静的爱，孩子才能自己找到内在动机，才能独立自主开创自己的精彩人生。

婚姻、家庭、儿童心理咨询师詹姆斯·道森说："不批评孩子的父母其实就是在惩罚孩子。"这句话再一次提醒大家，要想成为出色的动机赋予者，就要避免有代价的奖励，学会给予孩子冷静的爱。

诱惑的爱

有些父母用“如果……就……”的方式激发孩子的动机，即提出某种条件，让孩子知道如果按照父母的指示去做就能获得奖励的方式。刚开始从“你不哭，我就不会再批评你”“你乖乖吃饭就给你买糖吃”，渐渐演变到“如果这次期末考试平均成绩过90分，就给你买想要的智能手机”“如果你能把房间打扫干净，就给你零花钱”这样的方式。

这些父母为了让孩子按照自己的意愿行动，就会使用这样的方式。乍一看，这样的方法可能会让孩子更听话，但是这种方法和动物园里的饲养员的饲养方法没什么两样。

根据孩子做出的行为来进行补偿的方式，其实只能让孩子更注重事情的结果和追求结果所带来的奖励，而使在行为过程中可能会得到的感受和教训变得模糊。这种方式持续下去，就会让孩子产生“耐药性”，对奖励的期待值越来越高，以后即使是自己理应要做的事情，也会期待相应的奖励。这样，父母反而会被这种代价性的补偿方式牵着鼻子走，不但不能激发孩子动机，就连孩子所具备的动机都会被消除。

位列美国网站thinkers50选定的世界50大管理思想家之一

的丹尼尔·萍科，在自己的著作《驾驶》中介绍了一个有关代价性补偿的有趣实验。

这个实验是针对幼儿园的孩子进行的，看看平时就喜欢在幼儿园画画的孩子，在听到画画可以得到适当奖励的提议后会有什么样的表现。进行实验之前，萍科将孩子们分成了事前告知有奖励的小组、事前不告知有奖励的小组和不给任何奖励的小组。

第一组，在孩子画画之前，老师会拿出写有孩子名字且十分漂亮的奖状，然后询问孩子想不想拿到奖状。

第二组，老师只是询问孩子想不想画画，并没有拿出这个奖状，而是等孩子们画完画之后再发给他们相同的奖状。

第三组，老师在询问他们想不想画画之后，既没有拿出奖状，也没有在画完之后给他们任何奖励。

两周之后，老师再次把纸和笔发给了孩子，而研究者偷偷地对孩子们进行观察。结果，第二组事前不告知有奖励的孩子和第三组不给任何奖励的孩子能够和两周前一样快乐地画画；而事前告知有奖励的那一组孩子对画画的兴趣却有了明显的下降，画画所花费的时间也明显减少。

第一组的孩子因为画画结果所带来的代价性补偿，而将画画视为了工作，而不是游戏。这个实验证明“如果……就……”形式的有条件的补偿对动机的激发不会产生积极的影响。

允许情绪，限制行为

人的脑大致可以分为三个功能区域。最下面那个区域为脑干，负责维持生命所必需的功能。人或者其他动物的脑干都没有什么区别，所以也称之为“爬虫类的大脑”。

脑干上面就是控制记忆、情感、欲望等外部交流的边缘系统。狗、猫、猪等动物和人类一样拥有感情和记忆，这是因为哺乳动物的大脑也有边缘系统，所以边缘系统也叫作“哺乳类的大脑”。

边缘系统之上就是大脑了。人类大脑的最高级的区域就是被称之为“灵长类的大脑”的前额叶。前额叶控制制订计划和进行判断的思考能力。人类之所以能思考和行动，就是因为有发达的前额叶。但是人类平均27岁的时候前额叶才能发育成熟，女性一般在24岁、男性一般在30岁完成发育。所以青少年的前额叶还处于未完全发育状态，要想发育完整还需要一段时间。

无论是刚出生的新生儿还是青少年，又或者成人，脑干都差不多，青少年和成人的边缘系统也没有什么差异，所以孩子和父母会有相同的感觉。但是父母和青少年的前额叶发育程度是有差异的，所以虽然可能有相同的感受，但是控制情绪的思维判断能力是存在差异的。

父母和孩子虽然可能会有相同的感受，但是控制情绪的能力不同，这一点在激发动机方面是非常重要的。因为有相同的边缘系统，父母可以做到和孩子感同身受。但是在控制情感方面，孩子和父母相比，只能显得不成熟，因为他们的前额叶还没有完全发育。这并不是经验不足的问题，而是本质性的差异。所以父母在激发孩子动机时要时刻记起这一点。

如果想要成为出色的动机激发者，父母就要先和孩子成功地进行情绪上的交流。因为动机包含很多感情因素，所以父母要想激发孩子动机，就要先了解孩子有什么样的感受。没有一个孩子可以从无视自己感情的父母那里获得动机。情绪管理训练可以很好地帮助孩子控制情绪。

韩国父母比较熟悉的心理学家约翰·戈特曼博士表示，为了进行情绪管理训练，就要运用“可以允许所有的情绪，但是要限制行为”的原理。如果父母无视孩子所表现出来的情绪，就会使孩子感到压抑。

例如，孩子花了很长时间画的画，被弟弟或者妹妹弄脏了，父母这时通常会说：“不要哭了，妹妹又不是故意的。你再重新画一幅，不要再哭了！”如果孩子还不能停止哭泣，父母就会生气地说：“你比妹妹大那么多，为什么总因为这种小事而哭呢？真是烦死了！”

这就是父母不考虑孩子的感受，只知道发泄自己情绪的表现。他们并没有用“允许所有情绪，限制行为”的原理，而是限制孩子的情绪，却允许孩子的行为。

父母要对孩子所发泄出来的情绪做出反应。即使父母觉得无奈或者惊讶，孩子的情绪也有被尊重的价值。通过情绪被父母接纳的经验，孩子才会产生接纳情绪的能力，而接纳情绪的能力是孩子摆脱情绪的旋涡，重新恢复理智的原动力。情绪管理训练首先要承认和接纳孩子的情绪，帮助孩子感知那种情绪，获得动机。戈特曼博士表示，情绪管理训练对孩子学会怎样感知情绪、怎样调节情绪有很大的效果。

就像导航器为司机引导方向一样，情绪管理训练如果成功，孩子就会因父母认同和接纳了自己的情绪而获得心灵的治愈，进而学会用伤害最小的方法来发泄情绪。戈特曼博士还说，“赏罚只能让孩子盲目地遵从父母的指示，或者反而让孩子为所欲为”。

无论是喜是悲，是忧郁还是愤怒，这种内心的情感都会因为接纳这种情感的人而扩大或缩小。情绪就像气球，会膨胀也会萎缩。如果父母无法接纳孩子的情绪，膨胀的情绪最终就会爆发。就像爆炸的气球无法再膨胀一样，爆发的情绪也很难恢复。

可以接纳孩子所有的情绪，但是要限制行为。前面所提到的被妹妹弄脏画的孩子，在这个事例中父母应该做的是接纳孩子的愤怒和悲伤，并限制孩子为尽快发泄情绪而有可能做出的行为。

“哎呀，你那么认真画的画，被妹妹弄脏了，妹妹犯了很大的错误啊。画得这么好，却被弄脏了，爸爸都觉得生气。但是已经被弄脏了，爸爸虽然也想批评妹妹，不过即使批评了妹妹，你的画也不能回到原来的样子，所以爸爸决定先忍一忍。你也因为妹妹生气，对吗？但是能不能像爸爸这样忍一忍呢？爸爸保证，下一次再发生这样的事情，一定会批评妹妹。这次就先减少妹妹的零花钱，或者让妹妹帮你干些什么。希望这可以让你舒服一些。”

像这样，父母需要为激发孩子动机进行情绪管理训练，如果想熟练掌握这种训练方法，就应该先学会接纳和认同孩子的情绪。

培养恢复能力

父母想要用正确的引导方式，履行作为动机激发者的职责，有一个问题不可忽视，即孩子在受到打击或失败的时候尽快恢复的能力，也就是弹性恢复能力。事实上，即使拥有出众的智力和体力，如果不能自己找到动机、维持这种动机，也无法成为坚强的社会栋梁。

但是动机和人的意志有非常密切的关系，人必须有遭遇困难也能重新站起来的力量，克服眼前障碍物的意志，以及可以忍受对自己失误做出的批评和嘲讽的力量。弹性恢复能力可以在孩子产生压力、失去动力的时候，帮助孩子重新保持平衡，获得新的力量和契机。

弹性恢复能力，是美国心理学家艾米·费娜尔在20世纪50年代对夏威夷贫民窟的孩子进行研究时发现的。费娜尔在700名研究对象中，对成长环境最为恶劣的201名高危个体的成长过程做了分析。结果显示，这些孩子很难适应学校生活，容易产生学习上的障碍，在家和学校会经历更多的矛盾。也就是说，极度恶劣的环境比一般的环境更容易产生社会不适应者。尤其值得关注的是，201名高危个体中，三分之二的孩子可以被定义为社会不适应者，只有三分之一的孩子成长为学校、父母和社会所认定的优秀青年。生长在相同恶劣环境下的孩子，有三分之二过着混沌的人生，而三分之一却成长为优秀的人才。

费娜尔发现，这些在恶劣环境下仍成长为优秀人才的三分之一实验者都有一个共同的特点，即他们身上都有可以克服自己所面临的困难的能力。费娜尔将这种能力称为“弹性恢复能力”。费娜尔还发现，弹性恢复能力是先天的，但也可以通过后天的培养而形成。通过较高的弹性恢复能力克服困难的人都有一个共同点，就是有一个无条件理解自己立场、接纳和认同自己的长辈。

无论这个人是父母、祖父母，还是叔叔、阿姨、兄长，以及家人以外陪着自己长大的人。只要这个人时时在自己身边陪伴，给予自己温暖的关怀和真心的鼓励，让自己在疲惫的时候获得依靠，他就能使你具备这种弹性恢复能力，并且能使你通过这个能力克服恶劣的环境，成为社会的栋梁。

孩子如果确信至少有一个人真心爱护他，那么他就会懂得爱护自己，自信也会提高，进而生成弹性恢复能力。听到有因为校园暴力或者被同学排挤而悲观，最终选择自杀的孩子，就会让我感到非常心疼。如果这个孩子身边至少有一个人可以让他倾诉自己的痛苦，那么这个孩子就能重新获得活下去的勇气，产生可以努力生活的动机。

每个人都会遇到挫折。我们都知道，人生不可能像自己想的那样完美，我们要学会为了克服不完美而寻找动机。克服困难的能力是成为优秀人才的重要条件，也是生存所必需的要素。父母作为动机激发者要培养孩子的弹性恢复能力。想要孩子可以克服越来越复杂的困难，开辟自己所希望的人生，父母就必须将孩子培养成充满弹性恢复能力的孩子。

要有充分的弹性恢复能力，才可以成功地激发动机。父母想要出色地履行教育的职责，不仅要正确激发孩子的动机，还要提高孩子的弹性恢复能力。父母不要从一开始就保护孩子不受任何伤害，而是帮助孩子在受到伤害之后治愈伤口，再重新接受挑战。不是为了避免孩子受伤而不让孩子奔跑，而是在奔跑之前提醒孩子，即使在奔跑的过程中摔倒、受伤，父母也会尽快替他处理伤口，并鼓励他继续奔跑。这才是父母应该采取的最佳措施。

父母要成为营销员

有一段时期，孩子的一言一行都能让父母感受到无比幸福和感动。那时，父母总会问孩子这样的问题：

“喜欢爸爸，还是喜欢妈妈？”

如果孩子回答更喜欢妈妈，爸爸就会假装很伤心；如果孩子回答爸爸好，妈妈就会假装很生气。实际上，这个时期孩子所给出的反应会让父母开心不已。孩子再长大一点儿，父母就不再提这样的问题了，取而代之的是在孩子犯错误时候的争吵：

“到底是像谁啊？”

“到底是像谁才会总犯这种错误？”

把孩子当成顾客

为了正确履行自己的职责，父母要问一问自己下面这样的问题：

“我的孩子更愿意像谁？”

“我的孩子更庆幸于像谁？”

“孩子愿意像我吗？”

最出色的教练是被队员们视为偶像的教练。没有比被认可更有效的指导方法了。如果想被认可，没有什么方法比用行动做表率更有效、更快速的了。

所以，想要成为教练型父母的人不要期待孩子的改变，而是要自己率先让孩子看到正确的行为方法。如果孩子将父母视为自己的偶像，那么在某种程度上这位父母的教育就已经成功了。如果孩子想要走的路就是父母走过的路，那么父母就只需要继续前行。

但是没有几个父母会百分之百满意自己所走过的人生，也许只是很小的一件事情可还是留下了遗憾。不想让孩子看到的部分比想展现给孩子的更多。父母渐渐领悟到自己总是和孩子强调要这样做、不要那样做，自己却从没有或很少做到过。但是不要为此而自卑，从现在开始了解正确的方法，成为优秀的教练、孩子的偶像，其实也为时不晚。

父母作为教练，必须成为的另外一个角色就是营销员。这里指的营销员是要以顾客的观点思考，做出反应；不是以供给者为中心，而是以需求者为中心，也就是要形成以孩子为主的指导模式。

营销员父母不是无条件地去满足孩子的需求。营销是用顾客所喜欢的方法销售自己需要销售的东西。营销员父母也要用孩子可以接受的方法将自己的要求传达给孩子。

营销员要敏锐地洞察顾客的喜好，用最适合顾客的营销战略销售商品。营销员父母要灵活地应对孩子的需求，让孩子达到他们自己所期望的效果。父母展现出一个优秀营销员的态度，孩子就会认为父母正按照自己的特性，细心地帮助自己做出正确的选择，进而会将父母视为偶像。

世界银行总裁金勇表示，小时候从父母那里学到的人性教育对他产生了很大的影响。长大后，他组建非盈利医疗服务机构，和世界卫生组织一同为防止结核病和艾滋病而努力，就是受这种人性教育的影响。金勇的母亲经常会提出“你是谁”“你可以为社会带来什么”这样的问题，教导他“挑战自己做更伟大的事情”。这就是以孩子为中心、帮助孩子拥有自己想法的营销员父母应有的态度。

“父母和孩子共同学习和成长的过程中，最重要的就是父母和孩子之间的讨论。父母要尊重孩子的意见，而不应该只知道要求孩子按照自己的想法去做，要以相互尊重为基础进行对话。父母要真正带着好奇，反复询问孩子为什么会那么想。我认为即使是两三岁的小孩，父母也要有一种想要了解他们内心想法的态度。”

金勇的母亲就是用这样的方式，履行着自己作为营销员母亲的职责，将儿子培养成了世界银行总裁。周围人都认为金勇总裁所拥有的领导者资质中，关怀和奉献的品德让他成为了国际性的领导人才。

这就是以需求者为中心的领导力，以顾客为中心的营销所发挥的服务型领导力。服务型领导是奉献的领导，是贡献的领导。以奉献和贡献的精神认同孩子的个性和能力、和孩子一起努力的态度，才是营销员父母所应有的态度，才是孩子想要继承的父母的态度。

作为营销员父母，在孩子垂头丧气进家门，或生气地摔房门的时候，不能只顾着自己生气。营销员父母要细心地对孩子的状态做出反应，询问孩子为什么会垂头丧气，为什么会生气，孩子有什么样的需求。

把握顾客的情绪和状态是为了让顾客做出自己所希望的

行为，所以不能以供给者——父母的情绪为主，而是优先考虑孩子的情绪和情感。当然，父母也不能一味地迁就孩子的脾气。好比对于进行投诉的顾客，营销员可以去倾听，但是却不能无原则地让顾客进行退货或者换货，这也是为了让孩子做出正确行为而做的先行措施。

孩子真正需要的

父母想要成为营销者，就要学会迅速把握孩子的需求，并且快速地填补孩子的需求。但是十几岁的青少年的需求是很难把握的。

小时候不停地提出需求的孩子，随着年龄的增长逐渐变得沉默寡言，甚至不再和父母诉说任何需求。不理解父母的孩子选择了沉默，这让父母伤透了心。

营销员父母要通过战略诱导孩子说出自己的需求，而在这之前要先区分需要和想要的概念。简单来说，需要是显现的需求，想要是隐藏的需求。上中学的儿子如果和爸爸提出了想买自行车的要求，那么自行车就是“需要”，即显现的需求。事实上，这个孩子心里是想和喜欢骑自行车的爸爸一起骑自行车，但是这个孩子已经到了很难开口和爸爸说出一起骑自行车这种需求的年龄了。因为害羞或其他原因，孩子只能在心里掩藏着自己想和爸爸一起骑自行车的需求，而以这种别扭的方式提自己的需求。

想要成为营销员父母，不能只把握孩子显现的需求，也要把握孩子隐藏的需求，这样才能真正填补孩子的内心。像上面的例子中那样，当儿子要求买自行车时，如果只是拿出钱让孩子自己去买，那么这种父母就无法成为营销员父母。要先为自己没能理解孩子内心的想法、没能陪孩子度过更多时间而进行反省，然后说出“正好爸爸也觉得一个人骑自行车没意思，想要和你一起骑。等你有了自行车，能不能和爸爸一起骑呢？”这才是真正的营销员父母。

韩国曾经有一个电视节目，介绍了用很特别的方式教育孩子的父母。其中有一位父亲，他会去二手书店，分析书中的内容，帮助孩子购买参考书。不仅如此，即使不能完全理解书中的内容，这位父亲也会自己浏览参考书，然后就书中的内容和孩子进行探讨。孩子因为和父亲的探讨，而变得更专注于课业。这就好像自己先试用商品，了解产品性能后再向顾客推荐商品的专业营销者一样。

这就是成为营销员父母，进一步晋升为孩子心中偶像的方法。对于教练来说，怎样让自己的指导方法带有说服力固然重要，但是自己用这种方法以身作则更为重要。

孩子是父母的镜子。孩子的一言一行都能反射出父母的态度。每天都要照一照孩子这面镜子，问一问自己是不是孩子所向往的偶像，孩子会不会想要继承这样的自己。这样，父母就能慢慢变成孩子的偶像。这就好像诗人罗泰株在《真正的爱》中所写的那样：

> 真正的爱是给予对方自由，
> 给予对方爱我的自由，
> 同时给予对方恨我的自由。
> 真正的爱是给予对方自由，
> 给予对方陪伴我的自由，
> 无条件地给予对方离开我的自由。
> 就这样看着，
> 眯着眼睛看着。

CHAPTER 5

好好养育孩子吧

我一直在强调父母职责的重要性，要果断地摒弃过去错误的认识和职责，寻找可以引导孩子健康成长的新职责。父母像个父母一样指导孩子时，孩子也能像个孩子一样成长。父母在履行职责的时候使用了正确的指导方法，那么孩子也能开辟独立自主的人生。孩子会随着父母的教导变得更加独立、自立，之后父母要学会和孩子离别。不能将孩子拴在父母的羽翼下，因为孩子会逐渐长大，终有一天，父母的羽翼不能再为他们撑起一片天。从现在开始，我们来看一看养育孩子的时候，父母应该学会的正确方法。如果是在公司或者企业中工作过的父母，就更容易用公司的管理模式，帮助孩子管理成果。父母自己扪心自问一下，有没有帮助孩子管理他的成果。

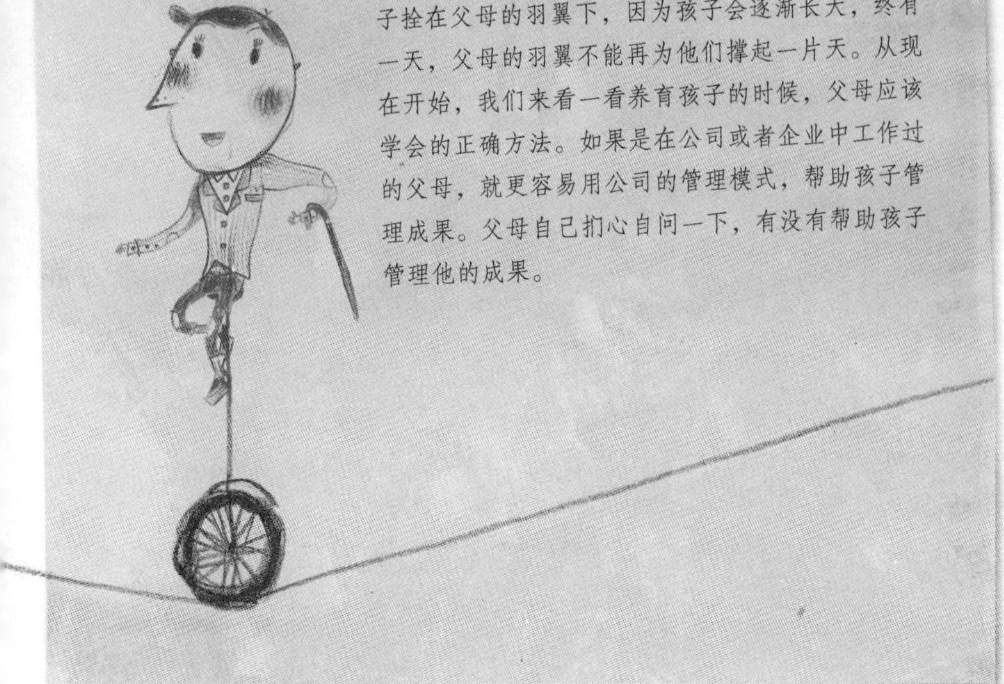

父母可以用的指导方法

20世纪70年代初，美国教育心理学家鲍伦德将父母教育孩子的方式分为了三种：民主型、溺爱型、专制型。民主型是指尊重孩子意见的教育态度，在和孩子发生意见分歧时，可以通过妥协来解决问题，但是对于父母不能让步的部分会保持一贯原则。溺爱型是指什么都按照孩子的意愿来决定，给予孩子完全的自由，所以溺爱型家庭看上去没有界限分明的规则。专制型是指父母将孩子看作是自己的所有物，每件事情都按照父母的意愿来做决定，使孩子产生挫败感。总的来说，鲍伦德认为这三种教育方式中，民主型是最正确的方式。

现在几乎人人都知道民主型父母，比溺爱型父母和专制型父母更优秀。问题是，父母在养育孩子的过程中会遇到极其复杂的情况。在父母的性格和气质、孩子的潜力和品性、家庭的环境和处境，以及孩子的性别、年龄、成长阶段等因素纵横交错的情况下，适时地找到正确的方法是一件有难度的事情。

大部分家教类书籍都没有写出父母需要改变职责的原因以及具体的指导方法，甚至有些书只是在分析父母和孩子之间产生问题的原因，却没有提供任何解决方法，或者即使提供了解决方法也比较抽象。

从这里开始，我要讲的内容是怎样更好地“与孩子‘分手’的方法”。相信这些内容会帮助父母为孩子提供通过实践获得成功的方法。在这里，所有的方法都着眼于可以让孩子用真诚的态度对待人生、拥有明确的目标、开辟独立自主的人生。

支持孩子寻找目标

当问孩子梦想是什么的时候，韩国的孩子一般会回答

"成为像朴世丽一样有名的高尔夫选手""想成为像爱因斯坦那样的物理学家"等。如果有人继续问起"为什么想成为像朴世丽这样的高尔夫选手"，那么当孩子回答"我想像朴世丽那样，使那些陷入绝望的人重获希望"，我们就可以将其看成是孩子梦想的目标。真正想让孩子拥有独立自主的人生的父母，最先关心的就是这个部分。

世界著名教育家威廉·达蒙教授研究了人类30年的发展进程，证明了目标对于人生起着巨大的作用。他表示，很多青少年之所以在刚踏入社会时遇到许多的挫折，就是因为人生的目标不明确。越快找到目标，就能越早找到人生正确的方向。像这样赋予孩子走向成功人生的动力，就是帮助孩子寻找人生目标。

启发孩子认识人生价值

美国的一所大学有一个专门打电话给毕业生募集善款的部门。因为这个部门的工作人员没有认真工作，所以每周、每人募集的善款还不到200美元。这个部门的领导试过很多办法来提高职工的工作效率：用解雇来威胁，用奖金来诱哄等，但是职工的态度依然没有改善。有一天，部门领导邀请了获得这些善款奖学金的学生和职工一起聚餐。聚餐结束后的第二天，职工的态度发生了天翻地覆的改变。职工们更加热情地投入到募集善款的工作中，并从工作中获得了成就感。这个部门募集到的善款比原来提高了将近三倍。

像前面提到的这个例子一样，父母不应该单纯致力于改善孩子的行为，而是引导孩子珍惜自己所做的工作，带着目标意识过独立自主的人生。不是让孩子满足于安逸的生活，而是要教育孩子富有思想，过富有哲理的人生。

如果将迄今为止父母为孩子提供的随机应变能力比喻为单一食品，那么接下来要介绍的具体的指导方法，是以系统为基础的、可以解决根本问题的套餐。不过父母一定要记住，自己要先做到为孩子树立典范。

有时我们常常会产生怀疑，到底有没有一个正确的方法可以让孩子过得更幸福。但是，即使这样也要不气馁地继续寻找答案；即使实践方法有错误，也要再接再厉继续寻找答案。这才是父母应有的态度。现在开始坚持实施这些方法吧。最后借用一句已故苹果总裁史蒂夫·乔布斯的名言：“唯一获得真正满足的方法，就是做你认为伟大的工作，而唯一做伟大工作的方法是爱你所做的事。如果你还没找到这些事，就继续找，别停顿。如同任何伟大的成就，事情只会随着时间的推移而变得越来越好。所以，在你找到之前，继续找，别停顿。”

一父母不同的教育方式一

很多人都知道民主型父母是正确的父母类型，那么现在的父母对此有正确的认识吗?

为了掌握现在父母的教育方式，mbrain在2012年对1000名小学、初中生的父母做了一份问卷调查。问卷提出了树立目标、尊重、关怀、倾听、分享、鼓励、帮助、说服、协力、威严、对人的尊重、在成长过程中的物质支持这12个领域中的30个问题。调查显示，本书中所提倡的父母正确的教育方式，并没有很好地被现在的父母所使用。调查数据中“威严”和“说服”的平均值比“成长中的心理支持”更高，就能反映这一问题。

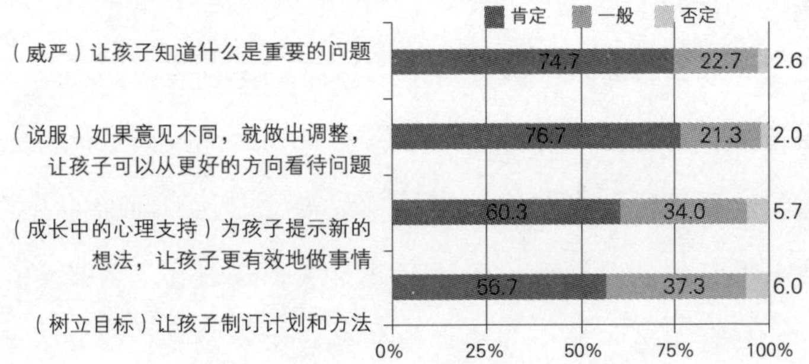

这一结果和民主型父母所应具备的职责并不相符。结果显示，父母虽会培养孩子的社会性能力，但是却无法帮助孩子实现自我。

追求使命而不是成功

部分父母希望帮助孩子有效地支配时间，让孩子今后可以享受令人羡慕的人生。这样的希望导致父母常会以是否能获得社会的尊敬、经济上是否宽裕等标准，来衡量孩子所期望的未来规划。

但是在考虑孩子今后成为什么样的人之前，应该先考虑怎样才能让孩子领悟到生命真正的意义。帮孩子花时间考虑自己是否应该只满足于丰衣足食，还是应该寻找更为有意义的生活方式，比职业选择更迫切。

寻找让人激动的使命

同样工作一天下班后，有些人会不停抱怨，有些人会想着自己为公司做的贡献，借此来获得成就感、保持乐观积极的生活态度。这两种人中哪种人能为公司和社会做出更多的贡献呢？我想一定是后者。

父母首先要帮助孩子思考，希望自己的人生对社会有什么样的贡献、自己所获得的人生成果所包含的价值是什么。父母要培养孩子可以独立思考像“我是谁”“为了谁而活”等，这些关于使命感的问题。

简单来说，使命是指人存在的理由和目标、所追求的价值、想为他人和社会做出的贡献。使命包含着一个人想要为社会做贡献，想要创造新的事物，想让社会更美好地发展的意志。

但是让人匪夷所思的是，生活在激烈竞争中的父母有些却从未真正考虑过自己生存的价值。“我为什么是一个父母？”“我的人生对社会有什么样的贡献？”父母常会忘记这些问题，日复一日地重复着相同的生活。所以这种父母才会要求孩子埋头苦读，穿梭于各种补习班和学校之间，却从未给孩子思考人生意义的机会。考取大学、选择工作的时候，父母也希望孩子可以考取重点大学、就职于大企业。要想让孩子可以去做自己所认为有意义的事情，成为自己人生的主人公，就要从寻找使命开始。从这一层面考虑，父母在孩子报考大学时首先应该考虑的不是学校，而是学科。就业的时候也应该先考虑这个职业可以做出什么样的贡献，而不是考虑选择什么样的公司。如果想把孩子培养成一棵大风吹不倒的参天大树，就要让孩子认真地考虑生命的意义和价值。

孩子之所以要认真思考自己的使命，是因为使命会带给孩子向前看、向前跑的动力，赋予孩子上进的动机。使命是孩子坚强的后盾，让孩子在遇到挫折和失败时可以依靠；是天上的北极星，在漆黑的夜晚带领孩子寻找方向。使命会在孩子千疮百孔、怀疑自己价值的时候，帮助孩子恢复意志，不被挫折打败。使命还能保持孩子道德上的崇高，帮助孩子做到和他人感同身受，不会为一个肤浅的目标而伤害他人，而是保持谦逊的态度帮助他人。

现在韩国还有一些父母会背《国民教育宪章》，即使不能背，也会记得自己上小学的时候，将《国民教育宪章》背得滚瓜烂熟的情景。《国民教育宪章》是这样开始的：

“我们是带着民族复兴的历史使命出生在这片土地上的。”

这句话中“历史使命”所指的就是使命感。但是在当时很少会有人因为“使命”这个词而激动，发誓一定要为祖国做些什么。

因为《国民教育宪章》相关使命的部分并没能足以震撼人心或者鼓舞人心，所以父母要引导孩子在设定未来的时候，寻找真正让心灵悸动、值得为此奉献一切、有意义的目标。

在我们周围就可以找到有正确使命，过着独立自主的人生，并获得别人的尊敬和爱戴的人。

将子女先后培养成美国名校博士生的前耶鲁大学教授全慧星强调："让孩子拥有明确的人生目标和热情比任何事情都重要。"她表示："让孩子通过经验获得对学习的热情，即使不让他学，孩子自己也会学。"

职业棒球俱乐部SK教练金成根也表示，因为棒球唤醒了他内心的热情，他才会选择为棒球奉献自己的人生。他还说："为了生存而选择棒球就是将棒球看作是生存的手段。为自己热爱的事业而活的人会拥有使命感，而不是只知道一己私欲。"

金成根总是亲力亲为，70多岁的年纪还总是亲自为选手做投球练习。每天陪选手练习1000次以上的投球，使他有时来不及吃饭。但是金教练从未因吃饭时间到了，而将选手一个人留在练习场。他会陪着选手练完，然后用紫菜包饭简单地充饥果腹。接受训练的选手也不会因为不能吃饭而抱怨，其实是不能抱怨，因为教练以身作则，为他们展示了训练的迫切性。

选手们刚开始会害怕训练，但是到最后都不会拒绝这种地狱式训练。他们知道，接受金教练的训练，体能恢复得特别快。选手们纷纷表示，如果一天不按照教练所教的那样进行训练，浑身都觉得不舒服。

金教练现在任职于一家私人棒球俱乐部。这家俱乐部的选手们虽还没进入职业选手领域，但金教练认为，为这些选手点燃热情就是自己的使命。他希望选手们可以感受棒球带来的魅力，而不仅仅是将棒球视为谋生的手段。金教练对每一个选手的训练都亲力亲为，因为他至今仍觉得自己还有很多地方需要学习。前三星队球员杨俊赫曾表示："金教练让我深刻地感受到了为什么要为棒球做这么多的努力。"

父母也应该这样教育和引导孩子，让孩子可以思考什么是承载自己灵魂的使命，并帮助孩子去实现这个使命。要从小培养孩子的使命感，这个范围不仅限于自己所生活的地区，而是要以更大的世界作为自己的舞台。和平、自由、正义和博爱比赚很多钱、穿漂亮的衣服、吃美味的食物具有更重要的价值，要用各种方法为孩子建立使命感。

父母不能限制孩子的想象和梦想，而是要帮助并鼓励孩子拓展梦想的高度和深度。父母和孩子都可以享受想象和梦想的自由。即使在父母看来是荒诞无稽的想法，也要站在孩子的立场上，任孩子自由想象。

父母可以通过旅行来拓展孩子的视野，或让孩子间接去体验平时无法体验到的事情；可以通过伟人和名人的自传及随笔为孩子讲述这些人是怎样克服困难，而取得成功的；可以通过树立孩子的自信，让孩子积累精神基础，认同这些观点。

父母在鼓励孩子过有意义的人生时，还要记住一点，即让孩子珍惜自己所要做的事情的价值。看一看下面这个事例。公司同事跟我说，他的儿子在开西餐厅以后，整个人有了明显的改变。这个西餐厅是一家低价的快餐店，特别普通。即使是这样，孩子也对自己做的这份工作充满了自豪，好像是在五星级的西餐厅工作一样。当父亲问到“你为什么那么自豪于现在的工作”时，孩子的回答让父亲刮目相看。

“爸爸，我常常会跟朋友说，来这里的客人比朋友更珍贵。我认为自己做的这份工作，不单单是通过为客人提供食物来挣钱。当我意识到这个工作可以让客人微笑时，一切都变得不一样了。对待客人的态度、行为，甚至是穿制服这种小细节都变得与以往不同。”

像这样明确树立自己所要做的贡献，就会让孩子专注于自己所要做的事情，让孩子认识到自己也有能力改变这个世界。像上面的这个事例一样，对使命感有认知的孩子会把职

父母的指导方法

下面是通过我和儿子的对话，总结的我们各自的使命。事实上，有些父母用与此不同的方法对孩子的使命意识做指导，但是效果并不明显。我的这种指导方法也许会取得意想不到的成果，即父母先思考一个值得骄傲的使命。

儿子的使命

我要为那些喜欢音乐的人——无论他们的学历、年龄、经济状况怎么样——提供物美价廉的乐器，激发他们的音乐灵感，让他们感到幸福。

父亲（我）的使命

我要指导那些发现真正的人生目标，并为之努力的人，形成战略方法、达到目标，并帮助他们获得所希望的成果。

业归类到和单纯工作完全不同的范围当中。这样即便是再单调无味的工作，孩子也仍然会充满热情地达成使命。

在设定令人激动的使命时，要和孩子一同考虑三个原则：

第一，要让孩子思考自己所要帮助的对象是谁或什么。

第二，思考我要为这些人提供什么样的价值，不仅仅是有形的要素，也包括无形的要素。例如，让喜欢音乐的人感到幸福，或为发现目标、想要达到目标的人提供帮助，让其获得成就等这类无形的价值。

第三，要具体设想应该怎样去提供帮助。例如，指导顾客树立战略方法、达到目标，帮助顾客获得所要创造的成果和提供物美价廉的乐器等一些具体的方法。

按照三个原则设定使命后，要再一次确认有没有不当之处，让使命富有可以被他人认可的意义。

规划生动的未来

如果已经通过设定使命让孩子具备了认真对待人生的态度，那么接下来就要思考，为了履行这种使命应该用什么样的方法，也就是具体的未来规划。这时，父母要帮助孩子弄清楚自身的潜力和能力，选择今后自己最擅长的职业。

设计了属于自己的未来规划后，孩子会通过书或者媒体将某个人视为自己的偶像，然后在心中生动地描绘自己达成梦想后的样子。特别是那种像画鸟瞰图一样规划自己未来的孩子，会通过每一件事物和现象来设想自己的未来。但是没有这种规划的孩子，无法建立起如此立体的思考。

如果使命回答的是“为什么而活”，那么未来规划回答就是“要成为什么”。虽然大多数的人都想过长大以后要成为什么样的人，但是如果这种想法无法形成具体的形态，也只能止于梦想和想象。只有孩子自己形成这种形态，梦想才会被实现。

之所以让孩子自己规划未来，是因为只有孩子自己主动地设想完成梦想时的样子，才能激起孩子的热情和欲望，才能激发孩子一定要实现梦想的能量。像以前，孩子周围的环境变化并不明显的时候，即使没有规划，孩子的成长也不会有什么问题。但是现在，计划赶不上变化，有规划和没有规划的孩子之间是有天壤之别的。所以如果不能具体地规划未来，孩子就无法知道要往哪里走，以及要走多久才能到达终点。未来规划就像一台导航仪，带领孩子安全地到达生命的目的地。

孩子的职业规划往往是多种多样、五花八门的。例如，有些孩子会梦想帮助低收入人群，让他们感受幸福、获得自信；有些孩子会梦想用自己出众的文笔成为一名出色的童话作者；有些孩子会因想在人们心中种上希望的小苗，而立志成为基金会咨询顾问。因此，即使拥有相同的使命，也会有不同的实现这种使命的未来规划。

2012年3月，李承润成为牛津大学第一位亚裔学生会主席。他的妈妈在讲述儿子的成长过程时说：

“儿子和我在美国的时候经历了‘9·11’恐怖袭击。通过这个事件，儿子开始关注政治，有了很多的想法。4个月后，回国的儿子对我说：‘我想让韩国变得像欧美地区的发达国家一样强大。’他还表示自己要成为一名领导者，让韩国变成没有贫富差距的富强之国。他说如果想要实现这个梦想就要有领导能力，所以他要成为学生会主席以积累这种经验。儿子的性格也逐渐从内向变得活泼。小学三年级转学后，儿子参加了学校的竞选，成为了学生会副主席。”

怀揣着成为领导人的梦想，李承润在成为大学生以后又一次为了梦想往前跨出了一步。当然，这对他来说也只是实现未来规划的一个过程。可重要的是，他从小就怀揣着属于自己的梦想，并为实现梦想一步步努力着。

从小到大，李承润的父母为他提供了很多机会，激发他潜在的无限可能。他们不是事事干涉儿子，而是帮助儿子亲身体验，让儿子自行设定属于自己的未来规划。李承润小时候，父母带着他到处旅行，借此来拓宽他的眼界，让他能自然而然地放眼于世界，对世界上发生的事情产生兴趣。这些都是成就李承润的原动力。

再看一个事例。第一个获得韩国KBS电视台《挑战金钟》节目冠军的商业职高学生金秀英，在考入延世大学后，被国际性金融公司高盛录用。她曾是一个问题学生，13岁时就已经有过离家出走、盗窃、打架斗殴的经历，中学时甚至被退学。通过能力测试考上职业高中后，她也没想过要继续考大学。

金秀英就这样漫无目的地虚度光阴。一次偶然的机会，她看到了报纸上刊登的一张照片。照片里是一个在巴勒斯坦袭击事件中失去孩子的父亲。这个父亲的动作和表情让她的心灵受到了震撼。她自认为生活得很不幸，但是世界上还有人在生与死的边缘徘徊。她认识到自己其实是只井底之蛙。之后，她制订了成为记者这样一个未来规划，并为之努力。最后她又成功开启了另一种生活。

但是金秀英的命运又遇到了一个新的转折点。她在入职之前的身体检查中发现自己得了癌症。但是她并没有被此打败，而是通过手术重获了健康。现在，她罗列了梦想清单，包括73条内容，并为此不懈努力。2011年5月，她还策划了一项叫作“梦想全景图”的特别计划。这个计划是，在一年内采访全世界各国人的未来规划，和实现这种未来规划的过程。到现在为止，她仍在为自己的未来规划不断地进行修整和补充，不停地为实现梦想而努力，并为自己和他人的梦想奔走。

孩子没有未来规划就等同于没有未来。如果孩子可以规划自己的未来，并有信心去实现它，那么就能激发孩子的潜能。如果有明确的未来规划，即使几年后无法百分百地达到，也很有可能快要实现。孩子如果根据自己的情况适时地修正发展轨迹，就不会失去前进的动力。未来规划是孩子生活的原动力，也会在孩子想要放弃梦想时，成为孩子坚强的后盾。

特别是当孩子处于中学阶段时，父母更应该通过多样的、间接或直接的经验，让孩子可以怀揣着对未来的梦想，思考为了实现未来规划应该具体做些什么。对十五六岁的孩子，父母也许还无法掌握他的性格和素质，可能会觉得设定具体的未来规划还为时尚早。其实未来规划是可以适当进行修改的。如果本来梦想成为医生的孩子，在某一阶段因为一个比较明确的原因或理由而改变了自己的梦想，选择成为一个可以为平民擦拭眼泪的政治家，我想也不会有人说什么的。

设定具体的、实质性的未来规划，可能没有想象得那么简单。如果孩子的梦想是像特蕾莎修女那样，为实现崇高的真爱而活，那么孩子可能会不知道应该如何为这样的梦想制订未来规划。父母也一样，使命和未来规划之间的差异，就像理想和现实之间的差距那么大。况且未来规划关乎生计问题，所以当然要比制订使命的时候更加谨慎。

而且，如果真的有孩子为了实现崇高的真爱，而选择了一条经济并不宽裕的道路，父母十有八九会反对。父母会抱怨过于现实的世界，抱怨这种现实所带来的限制，劝说孩子选择和使命没有什么关联的职业，让孩子的使命变成无法完成的梦想。父母希望孩子在选择职业的时候可以更现实一些，希望孩子可以通过业余时间的志愿服务来达到自己的使命，且仅限于此。但是使命和未来规划不能联系在一起，孩子幸福的可能性也会降低。如果幸运地找到了和使命无关的好职业，孩子就和完成使命离得越来越远。

父母应该培养孩子通过自己选择的职业，为家人和社会做出一些贡献，并通过这些获得价值和幸福感，而不是选择只以赚钱为目的的工作。想要做到这些，父母就要竭尽所能帮助孩子，以使命为基础，选择未来规划和职业。

父母也需要事先为孩子提供更多的信息，让孩子认识并了解多种多样的职业。事实上，孩子可以亲身体验的职业种类是有限的。很多时候，孩子并不知道每种职业具体要干什么、可以获得什么样的成果、对社会产生什么样的影响，所以父母有必要帮助孩子了解各种职业的具体特点和职责。最近也有很多相关书籍，也经常举办可以体验各种职业的博览会或者活动，利用这些也不失为一个好办法。在孩子上中学时期，父母要通过各种方式帮助孩子认真考虑未来规划和职业。

我再强调一次，在孩子选择未来向往职业的过程中，父母一定要保持尊重孩子的态度。父母也许会因为担心孩子制订未来规划时会过于理想化，而进行过多的干涉。

父母将使命和未来职业区别对待。强求孩子选择赚钱的工作、选择父母所希望的工作，这是不对的。如果想履行父母真正的职责，在这个阶段也要像前一阶段一样，和孩子保持适当的距离，鼓励和引导孩子。

父母应该先根据孩子的性格和能力考虑孩子的特长，然后根据客观事实和数据评估孩子，再结合今后有可能发生改变的外部环境去设想孩子的未来。

这时，孩子如果已经确定了自己的梦想，那么父母就可以要求孩子用最简单，也最能激起内心热情的语句来整理自己的未来理想。不是单纯地写出护士、科学家、企业家这种程度的理想，而是要写出结合了自己的使命和未来规划的语句，例如，“2050年100强企业CEO”“韩国第一位载入世界名人字典的大学物理教授”等。但梦想可能会发生改变，因为成长过程中，孩子会发现连自己都不知道的能力。虽然有追求的价值，但是经济上并不能得到与之相符的待遇的未来规划，会让人无法投入热情，进而会改变梦想的方向。但是即使改变，也是需要用使命这座灯塔来指引方向的。

最后，一定要记住，父母在帮助孩子制订未来规划的时候，不能错过的三点。

父母的指导方法

部分家庭会用名言名句来做家训，即使没有家训也有传承下来的家风。但是没有几个家庭会一起制订家族的未来规划和使命，并为了实现这些而努力。

我们家的使命、未来规划

使命

为了我们的家，为了整个世界，我们要发挥比以前更有价值的才能。

未来规划

2017年我们家要成为人才资源供应所

每年我都会和家人一起研究这一年所要追求的价值和未来规划，并和家人坐在一起沟通，同心协力完成这个未来规划。

儿子的未来规划	父亲的规划
成为亚洲最优秀的小提琴工匠	成为韩国业务顾问第一人

第一，是否可以激发热情。让孩子检查一下自己制订的未来规划能否激发热情。

第二，是否可以实现。要指导孩子衡量一下自己制订的未来规划是否现实。

第三，是否简洁明了。让孩子仔细想一想是否简洁明了地表达出了自己的未来规划。要观察孩子是否用简洁的语句表述了自己的人生蓝图。

强化孩子的使命感和未来规划

我们国家曾经有一位总统在自己的学生时代，将“成为韩国总统”这样的未来规划写在了一张大纸上，然后把这张纸贴在了书桌前，以此来鼓励自己。他将明确的未来规划变得一目了然，为自己赋予奋斗、努力的动机。

如果孩子以使命为基础制订了具体的未来规划，父母就需要让孩子经常看到，并增加这些未来规划的视觉曝光度。英语俗语中有一句话叫作“眼见为实（to see is to believe）”，如果经常能用眼睛看到使命和未来规划，孩子就会产生信心，进而提高实现的可能性。但也不能因为这样就将未来规划写在大纸上，像护身符一样供起来，却不去为实现这些而努力。将未来规划放在可以经常看到的地方，是可以让自己产生信心，实现的可能性也会提高，但还要刻在脑袋里，产生潜在意识。具体来讲，可以利用下面所说的这种方式，让孩子经常看到自己制订的使命和未来规划。

第一，利用最形象的照片或者图片。视觉是人的感觉中很重要的一个部分。使用照片和图片会让孩子的未来规划变得更加形象，并使他印象深刻。而且光是看到自己制订的理想也能让孩子产生幸福感，只是在脑海里生动地想象也能帮助孩子形成积极向上的能量。

第二，制作两个相框，然后将写有未来规划的纸放在相框里。可以采用软木板或者玻璃相框，也可以发挥想象力为相框做一些点缀。要制作两个相框，一个放在孩子经常可以看到的地方，另一个放在父母比较容易看到的地方。因为孩子经常看到自己制订的未来规划，未来规划就会更加牢固地刻在孩子的潜意识里，孩子也会渐渐对此充满热情。孩子的相框可以做得大一些、华丽一些，而父母的相框可以做得简单一些。一定要让孩子觉得这个相框是自己做的，因为父母做的相框会给孩子带来负担，而不是产生动力。还有一点值得注意，如果孩子做了和相框里所展示的未来规划不符的行为，父母也不能借此来埋怨孩子，而要指导孩子时刻铭记未来规划的意义，想象自己实现这一梦想后的样子。如果将这个相框用作批评孩子的手段，即使开始制作时是出于孩子的意愿，最后也会沦为孩子的眼中钉。

让孩子通过使命和未来规划拥有认真对待人生的态度，比提高孩子眼前的分数更重要。认真的人生态度和具有深度的自我反省，会让孩子像根深蒂固的参天大树那样做到真正的独立自主。已故美国广播界传奇播音员保罗·哈维留下了这样一句名言，告诉人们未来规划为什么如此重要：

“对看不见的人来说，他所摸到的就是他所认识的世界；对无知者来说，他所拥有的知识就是他的世界；对伟大的人来说，他所制订的未来规划就是他的世界。”

制订目标而不是空喊口号

想一想自己小时候，如果有人问“你的目标是什么”，大多数人都会回答“认真学习，考上好大学”“成为一个对社会有用的人”“成为一个伟大的人，为人们带来幸福”，等等这类多少有些抽象的答案。这只是带有“虽然不知道我会具体成为什么样的人，但是我会为之努力”意义的誓言，却不能说是真正地说出了自己的目标。

孩子在确定了未来的职业和使命后，会对自己的未来充满期待。就好像小时候因为父母事先承诺过送自己生日礼物，而将想要的东西的照片放在床头一样，是那样兴奋和激动。孩子如果经常看到自己制订的未来规划，就会产生和从前不同的感觉。这时父母还要指导孩子设定具体的目标，借此来激发孩子的热情。

在这里，目标指的是为实现未来规划而要达到的具体结果，还带有通过做某件事获得某种成果的意义。很多人和企业都重视目标的制订，并为了达到目标而努力，由此可见目标的重要性。青少年时期的目标具有更为重要的意义。但是现在还是有孩子因为不太清楚目标的意义、制订和达到目标的方法，而不去制订目标，或者因为过去有过失败的经验而害怕制订新的目标。

在孩子制订目标的时候，父母优先考虑的是要让孩子从“是否能完成我所希望的目标”这样的成果角度去思考目标，而不是从“认真做某一件事”这样的实施角度来思考目标。

例如请家教。过去，父母只是对家教提出一周三次、每次两小时这类的时间要求。这样一来，进行辅导的家教就会以这个为目标，不管孩子成绩是否会提高，只关心自己投入的时间有没有达到父母的要求。只要不迟到、缺席，做满一定时间就能拿到辅导费，就算辅导的孩子成绩变得比以前更差也无所谓。

但是现在不同了，父母会提出具体的要求，例如，希望老师能帮助孩子提高英语成绩。作为父母，如果像后者这样提出具体的目标和成果标准，那么达到目标的可能性就会提高。所以父母在指导孩子制订目标的时候，一定要让孩子确认自己所希望的成果是什么。

从核心课题开始突破

当孩子制订目标的时候，要先让他选择应该努力的核心课题。如果孩子设定了“10年后成为人权律师”这样一个未来规划，就要从长期、短期视角出发，想出一个可以完成未来规划的核心课题。

在想核心课题的时候，要考虑外部环境因素和孩子的长处、短处。拿上面这个例子来说，外部环境因素是“司法制度的变化”或者是 “司法考试的变化” 。如果是从孩子的长处、短处角度考虑，就可能是“学习成绩好，有望考上大学里的相关专业”或者“有关人权以及社会问题的阅读量不足”这类因素。结合这些内外部因素之后，就可以让孩子去选择自己需要去突破的课题了。

所有事情都能做好，这当然很好。但是，即使有些地方做得不好，也可以事先将其定为核心课题，最后再将这些制订为明确的目标。孩子在诸如时间、信息这些领域所能获得的资源是有限的，即使努力了，也可能会因为无法获得自己所想要的结果而感到失望。所以父母一定要让孩子事先确定未来规划里的核心课题，防止花费了时间却无法获得理想结果的情况发生。

利用具体数据

有些父母可能会将孩子所罗列的核心课题误认为是孩子的目标。但是有些核心课题并不像目标那样拥有明确的形态，而且父母和孩子口头上承诺的应该要做的事，往往会存在一些理解上的差异。所以在孩子制订长期、短期目标的时候，要让孩子通过数据来制订，以便可以判断孩子是否正确选择了核心课题，是否通过这些课题完成了自己所制订的目标。

再说说前面说过的那个例子。如果希望10年后成为人权律师的孩子英语实力比较弱，这时不能只是单纯地定一个“提高英语成绩”这样的核心课题，而是将提高英语成绩和实际分数表现联系在一起。要具体用90分或者95分这样的数据，以便父母和孩子可以一起判断是否实现了设定的目标。

在设定目标的时候，不要只满足于孩子平时就具备的一般条件，要诱导孩子设定具有一定挑战性的、可以实行的目标，因为只有这样，孩子才能更加投入，也能更加接近于完成未来规划。如果真的无法将目标数值化，至少要做到制订出完成目标后的具体状态和条件。

目标被数值化之后，孩子就会为了达到目标而投入更多的努力。即使孩子与自己定出的数值有一些差距，也能看到自己的实力比以前提高了。光凭这一点，就可以说目标数值化是有效的。

制作目标进程图

如果已经明确了核心课题，并制订了具体的实施计划，那么下一个阶段就是从后往前制作完成未来规划的目标进程图。让孩子利用进程图一步一步、循序渐进地完成每一项目标。

游泳选手朴泰桓在制订奥运会冠军这个未来规划时，就从后往前制作了目标进程图。下面是他制作的进程图。

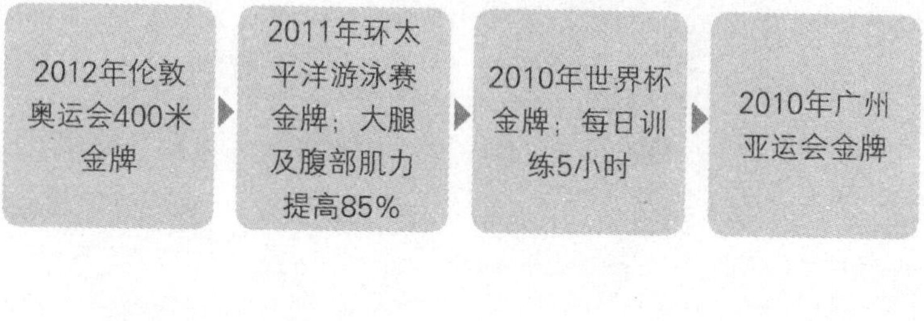

假如前例中，“10年后成为人权律师”的孩子刚上初中二年级，那么就要引导孩子分阶段、循序渐进地去制订和完成这个理想。例如，10年后通过司法考试—5年后，考入某某大学法学系—2年后，考入重点高中—1年后，期末成绩进入全年级的前5名。这样就从后往前整理和制作出了目标进程图。

如果孩子是高中生，让孩子设计中期、短期目标进程图就变得很重要了。高中生会因经历过青春期而变得和以前不

父母的指导方法

下面是我的儿子为了完成自己的未来规划而制作的进程图。

长期、短期目标进程图

8年后，完成意大利乐器制造学校的课程
5年后，制作一把小提琴
3年后，以前5名的优异成绩完成意大利语言学院的学业
1年后，记住2000个意大利语单词

一样了。特别是那些经历了比较动荡的青春期的孩子，他们还没来得及喘一口气就要投入到高考中去。这时，孩子需要为实现为未来规划而制订中期、短期目标进程图，来克服眼前的困难。如果父母能够率先以身作则制作、完成自己的进程图，那就更好了。孩子设定中期、短期目标进程图时，父母要注意以下五点。

第一，让孩子制订明确的目标。要注意孩子制订的目标能否最终帮助自己实现未来规划，还要确认孩子是否用具体的数据客观地制订了目标。

第二，让孩子用鸟瞰图来规划目标达成后的最终状态。虽然前一个阶段已经通过具体数据，评价和衡量了目标完成的进度，但是光凭单纯的数据是没有办法让孩子进行下一步的实践，并取得想象中的成果的。所以应该让孩子自己事先设想完成目标后的状态和条件，这样目标才更具有实现的可能性。

第三，掌握目标和未来规划之间的关系。父母要研究一下孩子所希望的未来规划，和制订的目标有多么大的关联。因为如果孩子制订的目标和未来规划没有多大关联，孩子为完成目标所投入的精力就会减少，或者孩子可能花费了大量的时间，却得不到想要的结果。

第四，确认孩子对目标的迫切程度。要确认孩子制订的目标是形式上的，还是真的出自于孩子的内心，承载着孩子坚定的意志。

第五，看一看孩子制订的目标是否值得去挑战。如果孩子制订的目标缺乏挑战性，孩子就无法获得挑战目标的欲望。目标定得低，孩子就无法投入、享受，孩子的发展速度也很难达到预期的效果。父母要记得，具有挑战性的目标可以让孩子变得更强，可以培养和增长孩子克服困难的能力和智慧。

攻击生命点

为孩子制订战略的核心，就等同于找到并攻击生命点。这里的生命点是指，为了达到目标而需要集中关注的核心课题、事情以及过程等，也可以联想成英语的target，还可以想象猛兽捕获猎物时一击毙命的场景。

因为生命点对于目标达成有着重要的意义，所以掌握关键的消极和积极的因素是非常重要的。例如，如果孩子制订了“期末考试平均成绩提高10分”的目标，那么接下来就要在期末考试的几个科目中，选择对完成目标产生积极影响的科目进行重点复习。具体来说，可以将生命点设定为“数学提高5分”“英语提高2分”等。然后再选择如果不多加重视就会对完成目标产生消极影响的科目，如“语文已经连续两次下降了3分”等。

期末考试平均成绩提高10分需要攻破的生命点

+数学提高5分
+英语提高2分
–语文已经连续两次下降了3分

因此，孩子要考虑对目标具有影响的因素和自己的水平，想一想怎样用自己所拥有的时间和能力去努力实现计划。父母要引导孩子找到这种对目标具有影响的生命点，寻找可以最有效地攻破这个生命点的实践方法。

父母还要建议孩子用全新的方法实现目标，并获得全新的价值。首尔前往釜山的方法有很多种，在金浦机场坐飞机、在金海机场坐飞机、从首尔火车站坐高速列车、坐长途汽车，或者亲自驾车走高速公路，等等。父母要让孩子知道，想要用最快、最有效的方法去获得成就，仅靠和他人相同的努力和方法是无法实现的。所以，父母还应该和孩子一起探讨更多的实践方法。

父母要帮助孩子制作长期、短期目标的进程图，为孩子营造可以找出生命点和实行计划的氛围。

我要再强调一次，如果孩子所要达到的目标是被父母强求的，就无法让孩子发自内心地去努力。父母要让孩子成为每一段目标的主体，并让他自己设定、认同和接受目标，还要指导他，使他具备所需的能力和资格。这样孩子才会具体地去考虑怎样实现目标，并找到解决办法。虽然通往目标的道路充满未知，但是一点一点、努力地走下去，总有一天会到达终点。这种信心，会在孩子成功完成每一个为目标而设定的短期计划时，变得更加坚定。

父母的指导方法

下面是我的儿子成为大学生以后，为了达成体重减少5公斤的目标，最应攻破的生命点。

体重减少5公斤需要攻破的生命点

+通过减少饮食量来降低3公斤体重
+通过增加运动量来降低1公斤体重
–饮酒、聚餐的次数比以前增加了20%

提高能力而不是增加履历

美国杜克大学研究团队2006年发表的论文称：我们每天的行为中，有40%是出于习惯，而不是出于自己的意识。心理学家威廉·詹姆斯第一次使用了意识流这个词语，他表示“只要我们的生活呈现一定的形态，我们的人生就会充满习惯”。

习惯支配着我们的人生。父母在回头看过去的人生时，能够自信地回答自己曾经成功地改掉了不好的习惯吗？能够自信地回答这个问题的父母也许并不多。决定戒烟，但是不到三天就重新叼起了香烟，然后埋怨自己意志薄弱；发誓这次一定要攻破日语，但是却因为和同事、朋友的聚会而产生惰性、往后拖延。即使大家知道了习惯对于实现目标有多么大的作用，却也无法将这种意识转换为行动。我们的孩子也是如此。

妈妈也许曾因为上初中、高中的孩子不吃早饭就要出门，而和他们发生争执。为了让孩子多吃一口，妈妈连哄带威胁。但是因为孩子没有养成这样的习惯，所以让他们吃早饭会十分困难。

父母要意识到，不应该让孩子重复这种恶性循环，要让孩子重复对未来规划或者目标有积极影响的行为。这样孩子才可能有所转变。

本节标题中的能力是指，对实现和完成目标产生过重要影响的、正确的行为。能力也是判断孩子能否获得成果的一个关键。不仅孩子要掌握知识和技术，父母也需要判断孩子是否具备一定的能力，这种能力是否对达成目标有影响。

能力为什么对孩子完成目标和未来规划起着这么重要的作用呢？现代经营学之父彼得·德鲁克说：“某个人完成目标的能力，和他所具备的知识及智能是没有什么关系的。人们没有认识到，聪明人出色的智能并不能立刻延伸为成果。”他强调，知识和技能只占能力的一部分。在此基础上获得成果，这种战略实行实力才是真正的能力，而且还是十分重要的一种能力。

同样，如果只是关注于和未来规划无关的资格证、积累和目标无关的知识，孩子是无法获得预期的成果的。孩子要专注于对目标具有最大影响的、最正确的行为，并进一步去实践，这样才能实现目标和梦想。

在为孩子制订良好行为准则的时候，要注意以下两点。

第一，具备基本能力。要制订与孩子应该具备的能力或者态度、需要改正的习惯等有关的行为准则。例如，如果是上学的孩子，就可以制订每个人必须要遵守的基本准则（如不迟到），以及作为孩子必须要遵守的礼仪规范（如对父母用敬语）。

第二，具备战略能力。要考虑在完成特定目标前，孩子所要面对的特定的情况，或者在具体的实践过程中，孩子所要遵守的最核心的准则是什么。假设制订了“期末考试英语成绩95分”的目标，那么和学习习惯有关的准则或者和学习内容有关的准则，就是核心准则。

父母需要指导孩子制订具备基本能力和战略能力的行为准则。好比搭建房子，了解整体的进程、具备与此相关的基本知识和经验是建房用的蓝图和材料，即 “基本能力”层面，具体实行能力就是建造过程，即“战略能力”层面，这两个层面是有差异的。想让孩子更快地完成目标，当然是要培养更多的“战略能力”，引导孩子自己设定与此相关的行为准则。

将行为准则数值化

在制订正确的行为准则时，如果使用数字，那么意义会更加明确，具体方法也会一目了然。例如：孩子向父母保证“每周都要在学校认真学习”，这时孩子所想的“认真”和父母所想的可能并不一致。孩子可能会以为学习5小时就是“认真”，父母则认为即使学习10小时，也称不上是“认真”。

所以父母在指导孩子制订具体的行为准则时，要尽量避免使用“认真、勤奋、挑战”这样的抽象词语，而要用具体的数字明确地设定准则。像上面的这个例子，可以利用数据制订具体的计划，如“每天晚上花1小时（每周5次）做一做前一年的英语真题”。这样的准则才会让孩子自己认识到可以对目标产生影响的、正确的行为，还能让其他家庭成员做出具体客观的反馈。

设定适宜的行为准则

假设孩子在上一次期中考试中英语考了70分，那么孩子应该如何为“英语期末考试考90分”设定行为准则呢？可以考虑制订和背单词有关的行为习惯，或者制订为提高听力成绩而反复练习听力的行为准则。但是更重要的是分析上一次的考卷，找到需要重点突破的部分，进而制订出适宜的方法。

如果上一次考试失败是因为试题没能做完，就可以制订“每两分钟做1道英语题”的行为准则，加快孩子做题的速度。如果是因为阅读理解部分成绩不理想，就可以制订“阅读理解部分提高10分”的目标和“每月读10个阅读理解”这样的行为准则。

父母指导孩子时要重点考虑问题的生命点或者考虑孩子所具备的能力。在制订行为准则时，要像上面所提到的示例

父母的指导方法

我的儿子想要为喜欢音乐的人提供物美价廉的乐器，为了实现自己的目标，他制订了如下的行为准则。

正确的行为准则

行为准则	能力
每周背诵40个意大利语单词 每周进行3次、每次30分钟以上的运动 每天复习1小时意大利语	战略能力
每周日打扫1小时房间 每个月做一本科学领域练习题	基本能力

一样，先熟练掌握解答问题的时间，之后再重点考虑提高成绩，要持续地、阶段性地提高行为准则的水平。

进行每月、每周、每日的追踪管理

如果孩子设立了行为准则，那么接下来就要用具体周期来管理这些行为准则了。看一看准则有没有具体实行，没有实行的原因是什么。

父母要关注孩子在实行过程中的感受，让孩子回头看一看有没有达到自己定的要求，而不是单纯地按照孩子制订的标准，用做或者没做来进行判断。

父母在实行前再检查一下准则制订得是否正确，判断是不是要继续执行这种行为准则，而且还要特别留意孩子有没有疏忽或者遗漏。

对这个月没有实行的行为标准要分析其原因，还要让孩子制订下个月的计划。有时即使孩子设定了正确的行为准则、制订了计划，而且也实行了，但是孩子仍达不到自己预想的结果。这可能是因为孩子所设定的标准对完成目标没有形成积极的影响，也有可能是制订的标准不完善。所以父母要事先做准备，以便在孩子需要时提供一些好建议，而不是固执己见。

孩子开始实行准则之后，父母还要随时观察孩子每个时间段实行的情况，并对此适时修改。众所周知，帆板运动要时刻保持身体的左右平衡。同样，在孩子实现目标时，父母要持续地修正和完善孩子的核心行为和实践方法，这样才能最大程度地获得孩子所希望的成果。

但是有的父母会用“如果这周你连续三天打扫房间，爸爸就给你零花钱”“如果这次你的英语成绩提高10分，妈妈就给你买一块漂亮的手表”这样的金钱奖励，并美其名曰是让孩子习惯这种行为。但是，像这样的“如果……就……”式的、带有条件的奖励，很有可能对孩子已形成的良好习惯产生负面影响，所以要尽量避免。孩子本来可以用理所应当的态度，愉快地、无条件地去实行准则，但是却会因为父母所提出的甜蜜的奖励，而变得不得不去实行这些准则。

威廉·詹姆斯在自己的著作《心理学原理》中对习惯的重要性做了如下表述：

“水用自己的力量形成了水流，水流会变得越来越深、越来越宽。停止流动的水会跟着水流继续流下去。”

孩子为了得到自己想要的而不断地积累能力，并不是一件简单的事情。但是，现在我们已经在一定程度上掌握了转移水流方向的方法。如果父母相信孩子可以改变，领悟到了孩子可以通过良好的行为习惯发生变革性的改变，就要鼓励

父母的指导方法

下面是我的儿子所制订的良好行为准则管理表。不同的行为准则，分数也不同，借此来反映每一个准则的重要程度。

项目	良好行为标准	分数	尺度	1月	2月	3月	4月	5月	6月	7月	8月	9月	10月	11月	12月
战略能力	1.每周背40个意大利语单词	30	没有达到2次时-1分												
	2.每周进行3次、每次30分钟以上的运动	20	没有达到1次时-1分												
	3.每天复习1小时意大利语	20	没有履行1次时-1分												
基本能力	4.每周日打扫1小时房间	15	没有履行1次时-1分												
	5.每个月做一本科学领域练习题	15	做了90% -2分；80%~90% -5分；70%~80% -8分；不到70% -10分												
合计		100	总分不到70分追加7小时志愿服务时间												

孩子专注于明确的核心问题，同时要让孩子认识到实现目标所带来的成就感，而不是只知道用金钱做条件性奖励。

从时光和时机的观点出发利用时间

时间管理对孩子实行行为准则具有很重要的意义。

有人说神虽然没有给予人相同的才能，但是给予人同等的时间。法国小说家、诺贝尔文学奖得主阿纳托尔·法郎士说：“时间只会善待那些善待它的人。”无论是才高八斗，还是一无是处，人所拥有的时间都是相同的。根据利用时间的方法，24小时可以变成48小时，也可以缩短为12小时或者6小时。

时间管理专家迈克尔·波蒂诺进行的调查显示：按照每个人可以活到70岁来算，其中23年用来睡觉，6年用来吃饭，6个月用来等交通信号灯的变换。如果每天投入15分钟，1年后就可以学会一种乐器，3年就会成为某个领域的专家，40年就会写出1000本书。可以说，时间的重要性无论怎样强调都不为过。

有效地使用时间是形成习惯的开始，也是习惯的完成。最逊色的发表者无法在指定的时间内完成发表，最后只能以“因为时间关系，没能完成我的发表”来草草结束。出色的发表者即使在很短的时间内，也能用最简洁明了的核心信息，给人留下短暂却又强烈的印象。因此，虽然每个人所拥有的时间都是相同的，但是根据你所使用的情况，时间可能会不足，也可能会很充足。

为了提高孩子的能力，父母在指导孩子合理利用时间时首先要了解两个单词：希腊语中包含有时间这一意思的“时光（chronos）”和“时机（kairos）”。时光是指单纯流逝的时间，而时机是指具体事件的瞬间。对于躲在山谷中等待敌人出现的军人来说，等待时所流逝的时间就是时光；敌军出现，淋漓尽致地发挥自己实力的那一瞬间就是时机。

游击队员要想成功进行埋伏战，就必须同时满足时光和时机这两个要素。首先游击队员要有耐心，等待敌军出现，也就是忍受时光的流逝。因为等不及而解除埋伏状态，或者担心敌军更改了路线而左顾右盼都不能获得成功。还要正确地抓住时机。正好在敌军出现的时候打盹或者在不适合的距离进行射击，都同样会导致失败。父母要引导孩子根据时光和时机来利用时间。

1. 遵守截止时间

有一些孩子经常因磨蹭而迟到。一家人都在忙着为出门做准备，但是他自己却不慌不忙。看到这样的孩子，父母难免会恼火。事实上，不遵守时间很容易引发人际关系的矛盾。

父母要注意的第一个重点是让孩子遵守截止时间。每件事情都有截止时间，新闻记者每天都要在截止时间前提交新闻稿。即便自己的报道内容是独家，如果错过了截止时间也只能刊登在第二天的报纸上，导致最佳发行时间的延误。

像在公司提出企划或者报告的时候也有截止时间一样，家人之间也要规定一个截止时间。为了能在激烈的竞争中尽情地发挥自己的能力，孩子就要养成在任何时间、任何情况下都能遵守截止时间的习惯。当然不能光为了遵守截止时间而不在乎质量，只盲目地追求速度。不过一定要让孩子认识到，遵守截止时间是一个关系到诚信的问题。

例如在中餐馆定外卖。如果只是味道不太好，或外送服务生的态度不好，那勉勉强强还能接受；如果外送时间晚了，即使再好吃，顾客也已经等得不耐烦了，下次就可能会选择味道虽然不太好，但是可以按时送达的餐馆。遵守截止时间就是如此重要，所以要提高孩子对时间的控制能力。

2. 让孩子看准时机

要培养孩子看准时机的能力。所有事情都有时机。人生会出现很多次因为看准了时机获得了很好的结果，或因为错过了时机而无法得到满意的结果的情况。很多时候时机是无法预测的，所以光凭自己的努力和意志是无法掌握准确的时机的。但是从小形成在适当的时机采取适当行为的能力，就能提高看准时机的概率。

棒球比赛中，打手打出了安打，站在二垒的选手就能跑到三垒或者本垒。如果这个安打是短打就跑到三垒，如果是长打就跑到本垒。但是在比赛的时候很多情况都是比较模糊的，要瞬间判断出是止步于三垒还是继续跑到本垒。如果在应该跑到三垒止步的时候，却因又跑向本垒而出局，就是过于果断；但是，在有充分的时间可以跑到本垒的时候，却止步于三垒，就是过于慎重。关于时机的把握其实就是在果断和慎重当中做出选择。

假设你的孩子现在正在参加直播的智力问答节目。节目最后你的孩子要么选择拿500万韩元的奖金，要么继续猜题，且每猜对一道题就能获得两倍的奖金，直至最终大奖1亿韩元。但如果挑战失败，连500万韩元的奖金也会失去。如果只有10秒钟的考虑时间，你的孩子会怎么做呢?

可以果断地进行挑战，也可以保守地选择眼前的500万。但是一旦用来考虑的时间结束了，你就会失去所有决定权。不能过于果断，但也不能过于慎重。过度的果断是一种盲目，过度的慎重就成了谨小慎微，所以要在果断和慎重之间把握准确的时机。

3. 专注重要而紧急的事情

《成功领导者的7种习惯》的作者史蒂芬·科维所说的“先做重要的事”，是时间管理经常会提到的概念。先做重要的事而不是紧急的事，这才是成功的捷径。但是事实上，做到抛下紧急的事，先做重要的事是很难的。父母要让孩子在利用时间时以重要而紧急的事情为主。

首先，要制订以紧急和重要程度为轴的时间管理方式。画图表可以提高理解力。在第一象限写上“又紧急又重要的事”，在第二象限写上“虽然不紧急、但是重要的事”，在第三象限写上“既不紧急、也不重要的事”，在第四象限写上“虽然紧急、但是不重要的事”。

要先做又紧急又重要的事，再做虽然不紧急、但是重要的事，再接着做虽然紧急、但是不重要的事，最后再做既不紧急、又不重要的事，这才是正确的解决顺序。

其次，通过“大石块时间管理方法”来引起孩子的共鸣。一位大学教授拿出一个大桶，让学生装满这个桶。桶前面有大石块、小石子、沙子和装有水的水壶。教授规定这些材料一定要都用上。学生先将大石块放进了桶里，接下来依次放了小石子和沙子，最后学生用水壶往桶里倒水，倒到水溢满整个桶为止。

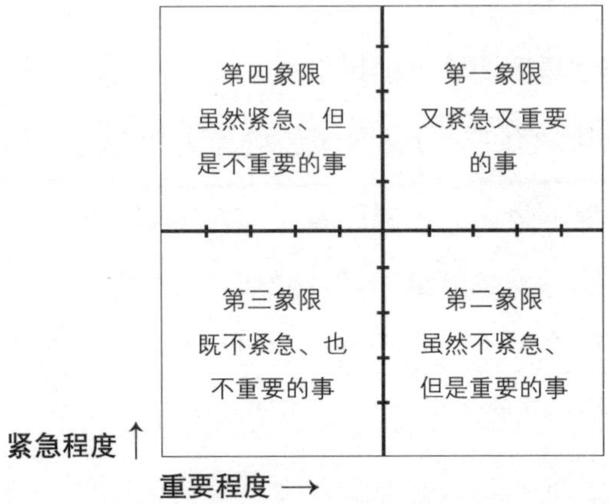

“大石块时间管理方法”就是集中精神做重要的大事。一开始就往桶里装水很容易就可以装满，但是为什么先装了大石块呢？这是常识性的问题，因为大石块、小石子、沙子会使桶里的水溢出来，先倒水无疑会做很多无用功。之所以提这个例子，是因为这种逻辑同样适用于时间管理。如果先用琐碎的事情填满计划，就无法完成重要的事情。

什么是所谓的“大石块”呢？即使命、未来规划、目标，以及为了达到这些而做的行动。所以，父母要指导孩子将实现目标和未来规划必做的事情看作是大石块，将其安排在自己的时间计划表中并实行。但是孩子在处理“又重要又紧急的事情”或者“虽然紧急、但是不太重要的事情”时，

“很重要、但是不太紧急的事情”就会被拖延到最后。因为在时间上不那么急切，孩子就容易将重要的事情往后拖。这时，父母可以让孩子养成在有充分的时间的情况下，优先处理重要事情的习惯。

还有一件值得思考的事情，那就是要结合目标心理学了解孩子之所以优先处理“又紧急又重要的事情”的原因。孩子觉得这样做阻断了他们“逃脱的出口”，所以他们就会优先处理“必须得由我做、必须要现在做”的事情。

例如，有一个中年男性，他是一个中小型企业的老板。每天他都是第一个来上班，之后会检查员工的上班情况，然后指示工作。每周他有四天晚上会喝酒吃油腻的食物。虽然他有运动的想法，但是实在是抽不出时间。有时他一整天都会躺在沙发上看电视，以此来达到休息的目的。如果他因为突发脑梗而病倒了会怎么样呢？那么他处理事情的优先顺序就会发生改变。他会将工作交给能干的员工，上班前一定会运动，或者周末一定会和家人一起享受健康、惬意的时光。

相同原理，假设在达到重要目标之前，因为推迟了实行时间，所以导致孩子身上发生一些问题。这时如果根据情况重新安排日程和改善周边环境，让孩子先从最重要且最紧急的事情开始做，会带来意想不到的效果。

世界著名的业务顾问大前研一表示，改变自己的方法是改变利用时间的方法、改变居住环境、结交新的朋友，而决心是最没有意义的改变。改变利用时间的方法就是时间管理。时间管理是管理自己的时间和能量的“关注管理”。选择一件事情去投入时间和精力就是时间管理的核心。

学会沟通而不是主张

“你经常对孩子发脾气吗？”

韩国教育机构2012年针对210名小学生的父母进行的问卷调查显示，每两名学生家长中就有一名家长几乎每天都对孩子发脾气。这真是让人震惊的结果。专家对父母之所以经常对孩子发脾气的原因做了分析，发现这是因为父母和孩子沟通得不够，没能正确了解自己的孩子。

事实上，父母和孩子之间的代沟问题不是一朝一夕形成的。举一个简单的例子，现在的青少年使用的新词新语中有些是父母听不懂的。

网络用语中有几个是父母能使用、会使用的呢？在电脑和智能手机成为必需品的现代社会，随着带有时代性的缩略语和俗语的增多，孩子和父母之间的沟通变得更难。

孩子也同样苦恼于和父母的沟通。这与政治家一直强调自己的沟通能力，企业家苦恼于怎样才能和员工更好地进行交流，学校、学院、宗教团体等机构强调怎样和对方进行交流是同样的问题。那么人们重视沟通能力的原因是什么呢？那是因为只有正确沟通才能掌握对方的需求，才能正确地表达自己的意图，使彼此间能在目标完成的过程中克服相互之间的差异，更协调地维持关系。

沟通就好像棒球场上投手和打击手投球、接球一样。通过与对方的对话了解事情的真相、认识隐藏的意图，这就是沟通的目的。所以，如果想要和孩子沟通，就要细心地去观察孩子的眼神、语言以及行为。孩子如果学会自信地和对方进行沟通，就会从被动转为采取积极的行动，进而激起孩子内心的热情，并掌握可以成为对话中心的能力。

大多数人只知道比尔·盖茨是微软总裁、世界首富，但是只要看到他青少年时期的生活，以及他与父母的沟通方式就能知道：他为什么可以选择退学，并开始研究计算机软件；为什么成为世界首富之后，还在继续为社会做贡献。

比尔·盖茨的父母都是上班族，但是无论下班回家后有多么疲惫，他们还是会将那一天所发生的事仔细地讲给孩子听。在公司发生的事情、和顾客发生的事情、现在的社会动态，以及帮助别人的经历等，故事涉及商业、法律、政治、慈善活动等多种领域。他的父母将这些自己所经历的事情生动有趣地讲给孩子听。

父母每天都这样和孩子沟通，去倾听彼此。这一连串的过程成为了一种意识，通过这种意识，孩子间接地接触了那些没有接触过的更大的世界。这样的成长历程让比尔·盖茨可以自然地和世界各地的人交流。

如果想成为指导型父母，就要做到和孩子进行圆满的沟通。父母需要正确地向孩子传递自己所要传递的信息，要倾听孩子的想法，正确地理解并发自内心地认同孩子。但是现实生活中，有些父母会认为没有什么比和孩子沟通更难的事了。父母认为孩子根本就不想听自己的话；孩子认为即使向父母倾诉自己的想法，也只会受到责骂，得不到什么明智的答案。

就好像片场导演用扩音器向现场的演职人员传递自己单方面的要求一样，有些父母在和孩子进行对话时同样表现出了这样的态度。就好像只能扩大音量，自身却不能接收声音的扩音器一样，父母闭着耳朵去倾听孩子的想法，然后大声地向孩子传达自己的要求。这样的父母是无法成为出色的指导教练的。如果听者理解力不足，说者就要更用心地说明；如果说者表达能力弱，听者就要耐心倾听，这样沟通的问题自然会减少。

父母和孩子沟通不畅的原因

现在，家庭能够沟通的时间越来越少，爸爸、妈妈、孩子都很忙。在繁忙的生活中几乎没有可以分给彼此的时间。即使有，家人之间进行对话也并非一件简单的事情。像电视、电脑以及智能手机这些妨碍家人之间沟通的因素越来越多。

即使父母认识到和孩子的沟通很重要，忙里抽空和孩子沟通也称不上是真正的沟通。父母和孩子的话题不是围绕着他们自己，而是围绕着电视剧、体育赛事、邻居家的事等。在百忙之中，克服重重障碍，好不容易抽出时间，到头来却在说别人的事。虽然对话的时候觉得很有趣，但是结束后才发现内容几乎都没有什么意义。

父母和孩子沟通不畅大部分是从孩子进入初中、进入青春期之后开始的。孩子上小学低年级的时候，肯定是父母掌握对话的主动权，孩子对此也不会抗拒。虽然孩子偶尔会抱怨，但是大部分情况下都会妥协。

但是10岁出头的时候，孩子就会开始发生改变。孩子会尝试提出自己的意见，会对父母不认同自己的意见表示不满。但是父母依然将孩子看作是天真可爱的，觉得不用去倾听孩子的内心想法。父母表面上虽然在听着，但是实际上却是闭着耳朵装模作样。孩子即便因父母这样的态度受到了伤害，也无法像小时候那样去抱怨。这不仅是因为自尊心会受到伤害，孩子也怕会招来父母更严厉的责骂。

父母同样因孩子的改变而伤心。虽然父母也在考虑怎样才能像孩子小时候那样和他愉快地对话，但是这样只是在孩子的身上寻找原因。这时候，父母应该想一想到底谁最应该先发生改变。我认为父母应该率先改变沟通方式。

当然双方都应该改变。孩子要站在父母的立场上去思考、理解父母的处境，尝试和父母沟通。但是随着年龄的增长，孩子在身体和语言习惯上都会发生变化，为了适时地应对这种变化，父母就要先有所改变。

而现在的父母有些不愿意把发生在外面的事情告诉给孩子。孩子既不知道爸爸在公司做什么工作，也不知道妈妈近期读的书是什么内容。

孩子如果向父母说出了自己的苦恼，父母就会以“有那时间还不如去学习”的态度去斥责孩子；孩子如果想和父母一起商量学业方面的问题，父母就只知道滔滔不绝地去讲述自己当年的雄心壮志。虽然看起来是在对话，但是这种扩音器式的通报无法获得孩子的真心。

父母要学会睿智的沟通方法，像带有听、说、读、写功能的智能手机一样，可以和孩子在舒服快乐的环境下进行有意义的沟通。如果想做到这一点，那么在进行对话的时候尽量避免使用强求、干涉的语气，而是以认同和接纳的语气理解孩子想要的是什么，并通过对话告诉孩子父母的立场，以及父母想怎样教育和引导等。另外，亲子间还要一起分享彼此需要努力的部分。

要放下孩子理解不了的偏见，认真地、循序渐进地向孩子说明自己的真实想法。没有一个孩子会拒绝真诚地向自己敞开心扉的父母。开诚布公地和孩子对话，了解孩子为什么会那么想、为什么会那么做，以及以后具体的实践计划，渐渐地父母就会和孩子产生共鸣。

综合多种现象，父母和孩子沟通不畅的核心原因有三种：

第一，父母和孩子需求的差异。父母和孩子没有正确地掌握彼此的需求。这是因为父母和孩子所想的需求在其内容和标准上存在不同，使得双方在没有让彼此充分地看到自己真实想法的情况下，积累了对彼此的不满。人，只知道自己认识的，不知道自己不认识的。以父母的经验为基础的洞察力来看孩子的认知世界，同样存在很多不足。父母和孩子在认知水平上的差异也会导致彼此沟通不畅。

第二，父母的传统观念。因为父母过去的经验或者创伤而不能正确地看待孩子的思想，或者父母执着于自己的决定，这样是绝对不能进行圆满沟通的。而且父母用自己的判断来强求孩子，很难让孩子敞开心灵之窗。

第三，消极的情绪。父母和孩子对话有时会在不知不觉中变得激烈起来，让情况往反方向发展。尖锐的言辞让彼此失去理性的判断。无论是父母还是孩子，如果听到不想听的话都会受到伤害。所以，即使是多么有用的话，在情绪消极的时候也无法选择去倾听。可过了一段时间后，父母和孩子再回头去想的时候，都会后悔自己当初冲动的言行。

父母和孩子的沟通准则

和以前相比，父母和孩子沟通的渠道变得更多、更便捷，但是孩子的沟通能力却在退步。孩子不仅无法和父母沟通，在和朋友的沟通上也会遇到很多问题。沟通不只是单纯的对话，还是通过对话去连接彼此的内心。现在我们越来越难看到和对方分享内心想法的沟通。

在为企业做培训的时候，我常有机会看到新员工在公司内是怎样工作的。突破重围、被大型企业录用的年轻人，他们的履历真的很出彩，但是他们所发挥的沟通能力却十分差强人意。这也是人力资源管理者对现在的新员工一致的评价。

父母有的注重了孩子的学业，却忽略了沟通的必要性。网络和电脑游戏让孩子很难面对面地和人沟通。孩子遇到困难也不和父母商量，而是带着无论怎样都要独自解决的想法，所以才无法和他人敞开心扉地真诚沟通。

社会是各种各样的人聚在一起、了解和鼓励彼此、克服偶尔发生的矛盾、共同取得成绩的场所。也有很多人因为沟通问题而无法发挥自己的特长，成为社会不适应者。所以父母和孩子之间也要制订沟通的基本规则，并进一步去实践。

下面是父母与孩子沟通时应注意的三个部分。

1. 用数字对话

前面已说过，父母和孩子在看待问题的立场和理解水平上存在很大的差异，所以父母要尽可能做到避免对话时使用模棱两可的文字，而是用明确的数字来交流，并且指导孩子往这方面发展。例如，“家人之间经常说一些有意义的话”，这里所说的“经常”的标准可以因立场差异而有不同的理解。我认为不说坏话就可以达到要求，但是对方觉得至少说三次才可以。所以尽可能采用数字，例如“家人之间每天至少说两次有意义的话”，以此来明确地表示自己所要传递的信息。这也是将误解最小化的一种方法。

无论是企业还是个人，都有想减少不确定性的本能。使用各种方法和战略预测未来，也是为了减少未来有可能发生的不确定性。过去用数据模拟计算未来有可能会出现的情况，也是为了提高可能性，减少不确定性，最终解除人们内心的不安。

像这样，所有人都想尽量消除不确定性，因为只有这样才能确保更为明确的未来。只有准确地认识到自己所要获得的结果是什么，才能产生将这种认识转为实践的热情。

所以要培养孩子，就先要在和对方进行交流的时候养成明确传达自己的目标和意图的对话习惯。父母和孩子之间用模棱两可的抽象的语言对话，只会让孩子一头雾水，只会积累彼此之间的误解。所以要让孩子养成在和对方沟通时用数字表达自己明确意图的习惯。

2. 区分意见和事实

父母要培养孩子在和对方沟通时，懂得区分客观事实和主观意见。例如，如果孩子和一个朋友说“为什么你皱着眉头，你的脸色看起来很不好，是不是和朋友吵架了”，在这里“为什么皱着眉头”是客观事实，“你的脸色看起来很不好，是不是和朋友吵架了”就是以客观事实为基础的主观意见。

但是有时，孩子在说成绩或者自己所做过的事情时，不用客观数据或自己的主观意见，而是先用客观的信息使自己处于有利地位，然后再将这些当作客观事实来叙述。这对孩子来说是十分危险的行为。

客观事实+主观意见示例

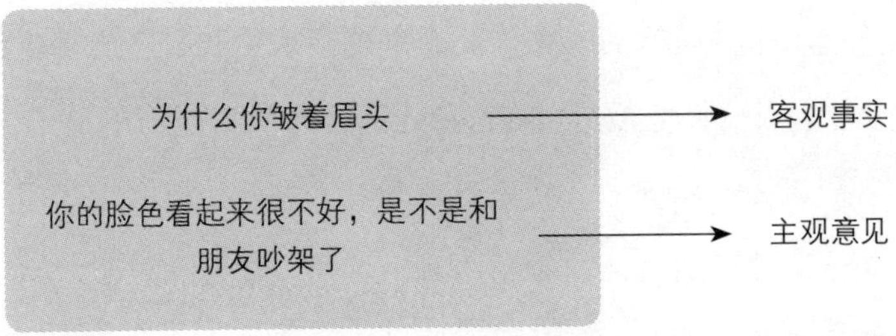

这样的想法和习惯如果转变成行动，今后在社会生活或者职场生活中，遇到对自己不利的局面，或者应该承认自己错误的时候，孩子就会利用错误的信息来逃避责任，或者将错误的信息提供给长辈或公司领导，误导他们的决定。

如果因为提供了不正确的信息或者错误的意见，导致了错误的判断，波及效果有时要比想象中的大。因为错误的决定是很难收回的，所以要慎重地沟通。即使获得了相同的信息，孩子和父母对这种信息的理解也会不同。光看信息内容，很容易造成父母和孩子理解上的差异。

年龄小的孩子没有可以获得所需价值的长远视角，所以经验相对比较多、有洞察能力的父母要替孩子看到整片森林。孩子则要看着大树，认真地、以事实为中心地沟通。

企业CEO在沟通时一定会区分意见和事实，即接受报告的时候除了接受和事实有关的报告，还会故意不去听带有主观意见的报告。因为通过客观事实，最终做出判断的是自己，他人的意见只会妨碍自己的决定和判断。

如果父母让孩子养成以客观数据为主，以事实为中心进行叙述的习惯，那么孩子自然就会了解父母的沟通方式和态度。

3. 听— 认—请—问—答

父母要为孩子树立的正确的沟通方式是什么呢？是要让孩子具备站在对方的立场上沟通的态度。最好的指导方式就是父母成为典范。父母要为孩子示范沟通的方式，向孩子传递所要领悟的道理。

想要更好地沟通，首先要懂得倾听。倾听对方比叙述自己更重要，然后站在对方的立场去认同对方。在请求别人的时候要顾虑各种情况和对方的立场，让对方可以理解这种请求。通过出色的提问，得到对方更多的意见，也是孩子应具备的良好沟通能力。

另外，父母在回答的时候，要提供具有建设性的意见。为了形成这种良好的沟通方式，需要养成倾听、认同、请求、提问、回答这五种习惯。借用这五种习惯中的一个字，为这种习惯命名为“听认请问答”。

想要孩子学会这种“听认请问答”式的沟通，父母就要率先进行示范。父母先要想一想应该怎样改变自己的沟通方法，让孩子可以掌握下面这些内容，并发挥自己的智慧，让孩子可以在现实生活中更好地去实践。

① 学会倾听

打开耳朵就是打开心扉的第一步。认真倾听对方的话就是尊重对方的表现。说者和听者，如果尊重彼此，会让彼此快速地亲近。人，都会根据对方的话和行动而选择敞开或者关闭心房。

如果对方认真倾听你的话，你就会毫无芥蒂地将自己的想法和感受说给对方听。但是表面看上去是在听，心里却想着别的事，说者的欲望会立即熄灭。

乍一想可能是用嘴说、用耳朵听，但是实际上是用心说、用心听。倾听还可以有另一种说法，就是敬听。敬听是指用恭敬之心去听。这时的恭敬，一方面是晚辈对长辈的礼貌，另一方面则是长辈对晚辈的关怀和尊敬。父母在听孩子讲话时也要遵守礼节，所以理论上孩子更倾向于和懂得敬听的父母沟通。

要怎样才能让孩子敬听对方的话呢？

第一，对视。父母要率先养成和孩子对视的习惯。在看不见的地方大声喊“我听得见，你说吧”是很难和孩子进行真正的沟通的。对视带有“我准备好听你说了”的意义。

第二，不要打断对方的话。父母和孩子沟通不畅的最大原因就是父母无法听完孩子的话。父母在和孩子说话的时候，有时会在没有听完的情况下就出言训诫。但是孩子只是希望父母可以倾听自己，接纳并认同自己。如果父母无法接纳，孩子就会掩藏自己的内心想法，认为“反正我说了他们也不会听”。人生经验丰富的父母希望为孩子指点迷津、提供解决办法，但还是要先听完孩子的想法再说。如果父母对视着孩子听完了话，孩子就会学着倾听父母。这样才能培养孩子认真听完对方讲话的习惯。孩子在和朋友或者周围人说话的时候，要让孩子坚持像在家里那样对视着听完对方所说的话。

第三，要站在对方的立场上倾听。倾听就是用心去听，也可以说是在心理上站在对方那一边去听。父母在听孩子说话的时候要用心去听，站在孩子的立场去听。当然这不是指在孩子犯错误的时候包庇孩子，而是说从孩子的立场上理解孩子说的内容。

② 学会认不同

不要按照自己的想法和立场去强求别人，而要站在对方的立场上努力去理解对方。并不是所有人都能和自己一样思考和行动，所以要理解彼此在想法和意见上的差异，并接纳这种差异。

认同是指和对方保持相同的角度，承认不是只有自己的意见和方法是正确的。赞扬或者积极地理解对方，都是认同对方的好方法。认同多样性的态度，会让孩子在学校和社会建立起良好的人际关系。在用对错判断他人之前，如果做到即使和自己的想法不同也要尊重和认同对方的意见，就会避免争吵。如果认同他人和自己的不同，不仅能真正做到尊重他人，也是尊重自己，可以树立更为明确的自我。

例如，在学校，孩子分成两个辩论组。在根据各自准备的材料发表意见的过程中，一些孩子强硬地拒绝接受对方的意见或者干脆不听。这样无疑会影响朋友之间的感情，甚至会演变成争吵。如果懂得接受对方和自己的不同，具备尊重彼此的态度，可能就会获得更好的结果。

如果认同彼此的不同，孩子和父母都会过得更幸福。我有一个孩子正处于青春期的朋友。这位朋友有时无法理解孩子的表现，但是很快又会释怀。他说："可能孩子也需要时间吧，以前我也有过那样的时候。"

这位朋友刚开始也和孩子产生了一些矛盾。之后，他一直在考虑应该怎么做。他咨询了很多人，看了很多书，慢慢地理解了儿子的现在就是自己的过去。最后他可以更加淡定地去看待儿子了。

强硬地改变别人与自己的不同，是多么愚蠢和消耗体力的事情。父母也无法完全改变孩子，所以要趁早完成认同相互间的差异、尊重各自性格和意见的训练。父母之间要表现出尊重彼此意见、认同对方和自己想法上的不同的态度，然后将这种态度延伸至尊重孩子的意见上。久而久之，孩子就能学会这种态度，当相似的情况发生时才能认同他人。

“别人家的孩子怎么那么优秀，你怎么就这么……”这样的比较和谴责只会伤害孩子，让彼此变得不快乐。所以要认同各自的差异，就要做出示范，让孩子可以在学校或者社会也能认同每个人的差异，维持良好的人际关系。理解了不同，人际关系也会变得不那么复杂。

所以父母在讲出自己的意见之前，要认同和尊重孩子的意见。例如，父母希望孩子在和朋友出去玩之前能打扫自己的房间并完成作业，但是孩子却并不这么想。孩子希望先和朋友们玩，转换心情后再回来做这些事情。按照父母的想法，做完了应该做的事情再出去玩才是正确的，但是不应强求孩子，而是要认同孩子的想法。父母和孩子之间要为理解和认同彼此的不同而努力。

孩子和对方的意见不同的时候，要让孩子学会积极认同对方的意见，让孩子知道可以从对方的意见中获得自己来不及想到的想法，也可以获得解决问题的方法。父母还要引导孩子对对方意见中出彩的部分做出具体的表扬。

③ 学会请求

在公司或者团体等社会生活中，如果需要得到对方的帮助，即使对方年龄比自己小也要郑重地提出请求。这是将彼此视为同伴，而不是从属关系或者上下级关系的做法。

但是，仍有父母将孩子和自己看成是垂直的上下级关系，希望能按照自己的想法教育孩子。所以他们对待孩子的时候还会用指示或者命令的语气，而且会提出过分的要求。在孩子无法做到时，父母还会发脾气。这种生长在父母的强势下的孩子，在不知不觉中就会带有不安和脾气，无法充满自信地完成自己应该做的事情，即使是自己喜欢做的事情也无法愉快地完成，也无法真实地表达自己的意见。

当然，即使父母赞同和孩子要保持礼节的观点，也无法明确地认识到什么样是符合礼节的，什么样是不符合的。而且即使有保持礼节的想法，但是真到行动上，有些父母就会觉得和孩子之间守礼节是一件很难为情的事。

重要的是，越是让孩子守礼节的父母，越不会和孩子讲礼节，特别是在请求的时候。需要命令的时候命令，需要指示的时候指示，这种做法并不是错误的。问题是需要温柔地请求的时候，父母也只会命令和指示。

这种关系的副作用会延伸到孩子的学校生活中。在需要朋友的帮助或者帮助朋友时，孩子无法做到自然地去请求或者站到别人前面。这样的孩子只会一个人舔舐伤口。孩子因情况不能像自己所想的那样而充满抱怨，无法和对方进行通畅的沟通。

人当听到对方的语气里带有蛮横时，就会觉得不高兴，甚至不想再听下去，所以无法形成有效的交流。孩子只有在感受到父母的信任和尊重时才会想要倾听父母。如果父母向孩子提出请求，孩子就会将这件事情视为自己的事情，想要竭尽所能。父母进行请求的时候，请求的内容要在孩子可执行的范围内。例如，平时平均分为70分的孩子，如果要求孩子这回期末考试平均分达90分，那么孩子在学习之前就已经有很大的压力了，这无疑会让孩子产生负面情绪。

“在上一次考试中你觉得哪一科最容易呢？妈妈觉得其他科目都不错，但是数学和语文成绩好像有点儿不足，你还能考得更好。期末考试之前，咱们重新制订数学和语文科目计划，怎么样？”

用这种请求的语气，从孩子可以承受的范围考虑，孩子就会觉得可以尝试一下。不是站在父母的立场上强势地指示，而是站在孩子的立场上考虑和请求，孩子就会感受到父母对自己的尊重。孩子的语气会因此发生改变，不会像下面这样充满了不满："妈妈，这件衣服你没洗吗？我今天出去要穿的！"而是这样："妈妈，朋友们说蓝色连衣裙适合我。周末和朋友们出去的时候我想穿，但是没有洗，我周末能穿那件连衣裙出门吗？"

不同的表达方法有不同的效果。这需要让孩子做到在和对方讲话的时候不强求对方，不会因为事情不像自己所想的那样而乱发脾气。

④ 提出开放式的问题

父母平时要多想一想每天和孩子进行了多少对话。早上对起得晚的孩子说"快点儿起床上学"，洗漱完后说一句"吃饭"，放学后孩子马上就要上辅导班，父母也就没有时间询问在学校发生的事情。精疲力尽地从辅导班回来的孩子，还要完成一大堆作业才能睡觉。这是有十几岁孩子的家庭中常见的场景。父母和孩子每天只有十句左右的对话。但是，如果因为这样而变更孩子课后班的行程安排，则需要父母表现出更大的勇气。

如果父母想要履行自己作为教练的职责，就要禁止像"这个做没做""不要做"这样的逼迫性的对话。因为这种询问里其实带有父母期望听到的答案。要给予孩子诉说自己的想法和兴趣的机会，要通过开放式的提问，让孩子诉说各种事情，而不是用只能回答“是”或者“不是”的封闭式提问。

如果孩子违背了自己和父母之间的承诺，在学校和朋友发生了争执，父母不应该以“错没错”这种方式去逼迫和质问孩子，而是给予孩子说明事情缘由的机会。

“你和朋友打架，让妈妈很心痛。你万一被打伤了怎么办？记得一周前你和妈妈约定过不再打架。你能不能告诉我今天为什么会和同学打架？”

像这样用开放式的问题使对话继续下去。

世界著名球员、巴塞罗那队的里奥内尔·安德雷斯·梅西表示，父母的开放式提问是使自己梦想成功的奠基石。梅西11岁的时候开始练球，他的父母从来不会问“今天有没有练球”“今天比赛赢了吗”这样封闭的问题，而是用各种各样的开放式提问与梅西聊天。

“梅西，今天踢任意球的时候，我以为你会看着右边的门柱，但是你竟然是往反方向踢的。你为什么会那么踢呢？”

“梅西，刚才那个家伙从后面铲球，我以为你会生气，你是怎么忍下来的呢？”

“这次的比赛对手可是地区最强的队伍，你有什么特别的战略吗？”

梅西回忆说，父母的这种问题让自己可以了解自己的想法和意见，然后为填补其中的不足而竭尽全力。最终他成为了全世界最优秀的足球运动员之一。

父母还要指导孩子用开放式的问题引出对方的想法。如果想要以开放式的问题开始对话，就需要用比较柔和的问题打开话匣子。例如，在看到没见过的东西时说：“我第一次见到这种东西。这是做什么用的呢？是用什么做成的呢？”或者在听到新歌的时候可以说：“这次出的新歌听起来很不错。怎样才能写出这样的歌词呢？我想在才艺表演的时候唱这首歌，怎么样才能唱好呢？”这类问题可以激发对方的兴趣。

一个好问题可以成就一个出色的沟通者。所以父母要让孩子思考，怎样在和对方沟通时提出好问题，并让孩子具备通过好问题引出对方的想法和意见的能力。

在和孩子对话时，父母所能提出的好问题，不是父母为了听到想听的答案而提出的问题，而是可以让孩子自然地说出自己想法的问题。这种问题可以让对话得以持续，让对话内容更加丰富。

父母要提出可以使对话更加畅通的好问题，而不是提出强求答案的质问，并通过这些指导孩子成为优秀的提问者。

⑤ 不要抬杠，要用表情和动作回答

每个人都喜欢对自己的话做出积极反应的人。这样的人往往比较重视彼此之间的对话。父母回想一下自己小时候，很多朋友一起聊天，你们会更喜欢对自己的话做出积极反应的朋友吧？所以你如果在听到对方的话时做出积极的反应，那么不仅可以吸引对方的注意，也可以将对话引向自己所希望的方向。

父母要指导孩子在倾听对方的时候注意下面的这些事项，并适时地做出反应。

第一，要让孩子可以明确地把握对方提问的意图。孩子要学会在对方的话语中区分客观事实和主观意见，掌握对方言语中隐藏的意图，以便做出准确的回答，否则孩子就会答非所问。还要让孩子认识到，准确地为对方提出解决问题的对策也是很重要的沟通技巧，因为只会批评就会被印上没有对策的批评家的烙印。

第二，回答时先说对方想听的答案，因为以辩解为中心的回答有可能成为最糟糕的答案。

第三，尽可能言简意赅地回答。用具体事例或者根据来提高说服力、使用很多形容词和副词使对话变得冗长，只会引起对方的火气。

还要注意的是，不要只通过对话的内容来判断对方，而是

要用通过手势和态度等要素来掌握对方所要传递的信息。

美国社会心理学家艾伯特·梅拉宾的研究表示，信息的55%是使用身体来传递的，而其中大部分表现在脸部。所以回答问题的时候，想要准确地传递信息，就要从丰富的表情开始。微笑就是最为有效的交流工具。回答的时候展现出微笑，对方也会在无意识中产生愉快的心情；回答的时候摆出痛苦的表情，对方的心情也会变得沮丧。在提到重要内容的时候要展现出比较冷静的表情，比较积极的内容则要展示出更大的微笑。这种方法可以提高对话的效果。

另外，积极的语言会给对方留下好印象，对结束对话也起到决定性的作用。如果孩子用积极的语言结束了对话，那么对话双方都会留下积极的印象。例如，孩子在和朋友聊天时起了争执，但是在对话的末尾如果用“无论怎么样，我向你道歉，因为这是我的问题，我会再往好的方面想一想”这样的话，会在一定程度上降低彼此的负面情绪。这最后的一句话对整体对话产生的影响，就是心理学所说的残存效果。

前面也强调过，父母要告诉孩子在对对方的话做出反应时，使用动作和手势具有非常重要的意义。另外，父母也需要对此做具体的指导。

也许您曾有过下面这样的经验。当妻子收到丈夫送的礼物时，会说一些平常不曾说过的话，例如“我爱你”。这时，丈夫会摆出很惊讶的表情，奇怪地看着妻子。虽然这可能并不是出自丈夫的真心，但是无论怎样妻子的话都导致了一种还不如不说的尴尬局面。这时应该用动作或者手势代替话语，例如从背后悄悄地抱住丈夫，或者在睡觉的时候轻轻地抚摸等，用这类隐晦的表达方式传递对丈夫的爱。如果孩子想对老师表达感激之情，可以写一张小卡片放在老师的书桌上。这时老师收到的感动也许会比孩子用说出来的方式多得多。

偶尔可以看到有些孩子在和朋友聊天时，会一次性地做出反馈。乍看起来这显得孩子非常聪明，但是这并不是有魅力的态度。对方说话的时候你不给予任何反应，对方就会怀疑你是否在认真听、是否认同自己。要告诉孩子，如果实在觉得没有回答的必要，淡淡地笑一笑也是比较好的办法。

下面介绍一下在对话中孩子应该注意的手势或者动作。首先，对话时要直视对方的眼睛。有时有些孩子连直视对方都做不到，更不要说准确传达自己的意思了。在对话时回避视线，只能被视为是没有自信或者没有礼貌的表现。即使孩子非常内向害羞，也一定要指导孩子在对话时直视对方的眼睛。可以从直视家人和朋友的眼睛开始练起，然后渐渐地训练到可以在对话时直视任何人的眼睛。孩子如果向对方投以亲切的目光，对方也定会回以大大的微笑，而且无法从孩子身上转移视线。

其次，是用温柔的表情和正确的姿势等待对方的回答，这会得到对方的好感。挺胸抬头看起来会很有精神，对情感交流会产生积极影响；稳定的呼吸和声音也是出自正确的姿势。所以一定要和孩子强调，在和他人对话的时候要保持良好的身姿。孩子在打电话的时候也要保持良好的身姿，靠在椅子上讲电话，态度和语气再恭敬，也会给人带来不礼貌的感觉。

再次，在对话中加上适当的动作也可以起到锦上添花的作用。例如，在表达数字、重量、体积等内容的时候，使用一些简单的手势，就可以更准确地传情达意。相反，对话时双手插兜，或者两手交叉放在胸前会引起对方的反感，所以要尽量避免这样的姿势。

最后，在对话过程中，孩子能给予对方的鼓励性反应其实也很多，点头就是其中一个。听完对方的话，用例如“真的吗”“我也是这么想的”来附和对方也是不错的方法。这能反映出自己认真听了对方的话。但也要注意分寸，有些人以为既然人们都喜欢和自己意见相同的人，就一个劲儿地肯定对方，这反而会让人觉得虚伪，进而造成误解和不愉快。父母要让孩子养成边听边记的方式，能够对每一个关键性的问题做出核心性回答。例如，老师或者长辈和孩子说话的时候，边听边记的孩子比只听不记的孩子看上去更让人觉得欣慰，也让人觉得这个孩子做事认真。

总之，父母要教会孩子在回答问题时用真诚的态度考虑对方的立场，想一想有没有正确表达自己的意见，保持一颗平常心。这才是在对话中成为主角的捷径。

后记

爱是可以给予的，思想是无法给予的

“好不容易才能休假，你这是去哪里啊？”

“我想去一趟木材店。小提琴很讲究木材的选择。”

儿子现在在部队服役。休假期间，儿子准备了雕刻刀和意大利语会话书，用业余时间提前为自己的梦想做准备。上大学时，儿子去意大利旅行，有幸在克雷莫纳木工学校进修，这更坚定了他成为一个小提琴工匠的梦想。参军之前，为了从基础学起，他不惜往返于首尔和忠清南道洪城，请教国内知名的小提琴工匠。听说儿子在那里学会了挑选木材、雕刻木材、刷漆等技术，他在为实现自己的梦想而一点一点地前进。

“我想成为给音乐人制作小提琴的工匠。”

这是我和儿子开诚布公地一起探讨人生时，儿子对我说过的话。那时我对即将成人的儿子嘱咐了两点：第一，好好思考人是为什么而活；第二，好好思考为了这个目标具体应该怎样做。儿子选择了从小就喜欢的音乐，并思考什么样的职业可以实现这个梦想。虽然作为一个演奏者他遭遇了瓶颈，但是他又选择了小提琴工匠这条道路。为了实现自己的梦想，儿子改变了未来规划。虽然他选择了工科大学，但是他让我看到了为实现自己未来规划而努力的样子。他选择了小提琴为自己的第二专业，学习了工艺课和意大利语课程。服完兵役后，他打算去意大利木工学校。他正在一点点地实现自己对小提琴的梦想。

“工作所需的能力，公司可以教你，尽管每个人的习得速度不同。但是公司却不能教你对待人生的态度。只有具备正确的人生态度，你才能升职。”

前西南航空公司CEO赫伯·凯勒认为，能力不足可能需要花费一些时间，不过是可以弥补的，而对待人生的态度，是在进入公司之前就已经决定了的。所以他更愿意聘用有生活目标的优秀人才。

父母应该竭尽所能帮助孩子摆正生活的态度。父母要鼓励孩子用自己的热情实现自己的未来规划和梦想，培养孩子合理运用时间、调整情绪、与他人沟通的生活能力。

要想孩子完成使命和未来规划，父母可以运用三种方法。第一，通过旅行开阔眼界。可以去看一看当地著名的大学校园，让孩子了解一下世界各地的年轻人积极的人生态度，并通过这些认识到真正的人生价值。第二，不要停止读书。通过阅读成功人士的传记，或者有深度的人文书籍，发现自己内在的梦想。第三，让孩子经常和优秀的人见面。优秀的前辈、老师或者父母的朋友，通过和这些人的交流，孩子可以学会思考，掌握说话的技巧。

看着儿子追求梦想的样子，我确信了父母指示孩子、干涉孩子其实并不是什么好方法。我深刻地认识到父母真正应该做的是引导和鼓励孩子，让孩子自己找寻答案、自主判断和选择。我真心希望这个世界上的所有父母可以帮助孩子发现梦想、追寻梦想，主导自己的生活。最后我想介绍纪伯伦《先知》中的一小段文字，希望这个世界上的每一位父母都能更好地养育孩子。

你可以把你的爱给他，
但你不能把你的思想给他，
因为他有他自己的思想。

你可以让他住在房子里，
但不能把他的灵魂关在房子里，
因为他的灵魂居住在明天的房子里，
那是一个你做梦也去不了的地方。

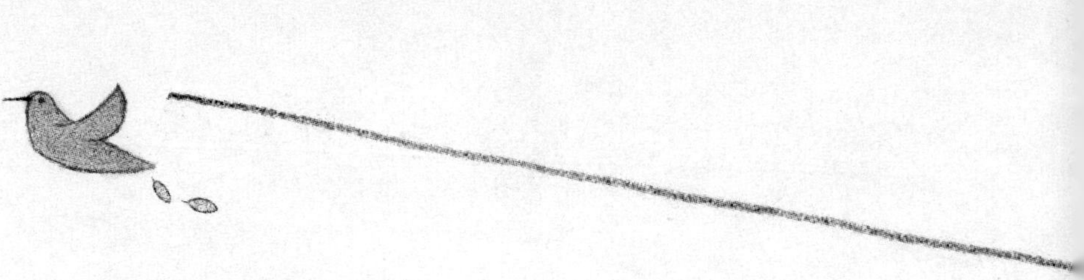

附　录

针对不同问题的指导方法

孩子深陷校园暴力、排挤、性骚扰

"为什么我要受到这样毫无理由的伤害？如果这种玩笑变本加厉怎么办？从那扇窗户跳下去是不是会更好？我死了这种玩笑就能停止了吧？我从第一学期末到第二学期末，被捉弄的次数有二十多次。让我脱光衣服，再用手机拍我的视频。视频所有者是×××，他还踢了我的屁股。每当写这些的时候，我都止不住地流眼泪。现在我可以依靠的只有妈妈和上帝。我真怕转学以后还会遭到这种对待，我不想活了。"

郑某（女，16岁），曾就读于京畿道河南市某高中。

回家途中她被同一小区的男生性侵，性侵过程中还受到了暴打，导致鼻梁骨骨折。因当时受到了严重的精神打击，她转学到首尔某高中，但是仍然无法走出阴影。

通过媒体，我们总能读到上述这类事故，而这些事故很有可能会发生在我们的孩子身上。每个孩子都有可能被性骚扰、遭受校园暴力或者被排挤，这只不过是概率的问题。但是这时父母采取了怎样有效的、迅速的措施，会给孩子的心理恢复速度带来很大的影响。孩子会因为父母战胜困难、走出阴影，也有可能会因为父母陷入更深的谷底。

首先，父母要心平气和地劝解孩子，让孩子接受这个已发生的客观事实。如果孩子向你表明自己的感受，父母就要抛开是非对错，尊重和认同孩子当时的感受，并包容孩子。父母也可以用“你是一个优秀的孩子”“你值得享有比那个更好的待遇”“这绝对不是你的问题，所以不要担心”这类的话提高孩子的自信，抚慰孩子心灵的创伤。

接下来，父母要为孩子树立信心，让孩子知道即使问题已经到了无法逆转的地步，也不能因此放弃生命，而是重新想一想自己所规划的未来，想一想在这时候自己应该怎么做，努力让事情逐渐往更好的方面发展。不要因为伤心而去埋怨孩子，埋怨无法改变的事实或者埋怨别人，因为这无法带来任何可以逆转的契机。这时候父母应该和孩子一起从很小的事情开始努力。例如，努力具备让加害者无法轻视自己的实力（学习、运动），或者为实现自己的未来规划而一步一步地实践，慢慢地寻找活力，提高信心和意志。当然，这时父母要让孩子知道，父母能够做的是为孩子创造那种氛围或者在适当的时候给予一些帮助，但最重要的还是孩子自己走出泥泞，重新获得希望。

另外，发生这种事情的时候，父母不要因为想隐瞒事实而试图自己解决问题。如果怀疑或者认定孩子受到了伤害就要去咨询专家，或者报警。而且父母在和内心受到巨大伤害的孩子聊天时，一定要更加慎重。

还要记住一点，父母根据孩子的年龄和生长阶段来给予适宜的建议，是预防性侵犯或者校园暴力最好的教育方法。但是现在仍有父母回避和孩子谈论性问题。这些父母可能觉得只是没有对孩子进行性教育而已，但是孩子却会将这种回避误认为父母禁止他们谈论性问题。这种因素会导致孩子在遇到这类事情的时候不敢和父母说。所以父母在日常生活中就要给孩子树立意识，让孩子知道在出现问题的时候可以毫无避讳地和父母进行交流。

即使是平时没能制造自由对话氛围的父母，也要在孩子受到性侵害或者被排挤的时候，学会从孩子的角度出发和孩子面对面地交流，倾听孩子的心声，尊重孩子现在的处境，让孩子从阴霾中走出来，回到家庭的阳光下。

受到校园暴力、被排挤以及遭受性暴力都不是孩子的错。如果父母悔恨当初自己对孩子没有提供任何帮助，孩子反而会因此隐瞒真相，认为问题出在自己身上，从而陷入深深的自责中。所以父母要给孩子勇气，让孩子勇敢地说出自己所遇到的问题。

要知道，很少有孩子会夸大受害事实或者编造谎言，希望借此来得到父母的关注。父母要耐心倾听孩子的内心，然后再做出判断，而不是率先失去理性地激动起来。

更不要以审问的语气，用“是不是这样”的方式强求孩子同意自己的主观判断。这样会让孩子在讲述的过程中出现混乱，使孩子的话失去可信性。可以寻求专家的帮助，让孩子具体地陈述事件经过。

如果想让孩子在这种特殊情况下对父母敞开心扉、吐露心声，父母在日常生活中就要和孩子保持比较亲密的关系。如果和父母的关系不好，孩子在发生问题时就不会最先想到父母。如果一开始孩子并没有向父母寻求帮助，问题就会变得更复杂，解决起来就会更困难，孩子战胜不幸、重新站起来的可能性就会变得很低。

父母的失业、不和，家人突发疾病等家庭内部问题

“我父母几乎每天都要大声争吵。上中学的我觉得这样没有意义。现在即使哥哥和我就在旁边，两个人也会毫无避讳地对骂。我只能呆呆地看着他们。我甚至认为与其这样每天争吵还不如分手。如果那样我们家会怎么样呢？我以后又会怎么样呢？真的好烦。爸爸妈妈真的太让人伤心了，我恨他们。”

“有一天放学后，回来看到妈妈正在哭泣，我偷偷地躲在一旁听到了父母的对话。爸爸被公司辞退了。爸爸一直在抽烟，和妈妈反复说着对不起。爸爸那天显得特别渺小。虽然不富裕，但是一直以来爸爸承担着家里的生计。现在他就这么失去了工作，我觉得眼前一片茫然。我可以继续上学吗？说不定我会提前退学做生意或者找工作挣

钱。我突然觉得脑子一片混乱。”

像上面两个故事一样，如果父母有一天突然失去工作或者夫妻出现感情问题，虽然孩子表面上不会说什么，但是在情绪上会很不安。家庭成员中有人忽然得了重病也会如此。虽然遇到这种情况父母也会受到很大的伤害，但是作为父母一定要守护家庭，帮助孩子勇敢地面对和解决家庭内部问题。

发生像失去工作、离婚、重病这样的家庭问题时，父母应该最先考虑不要让孩子因为突然的变故而放弃自己的梦想或者未来规划。如果孩子有为父母分担、为家庭提供一些帮助的孝心，那么这是值得父母欣慰和感谢的。

孩子可能会有“爸爸没有工作了，我还是放弃当律师的梦想，尽早找工作赚钱养家”或者“爸爸妈妈天天吵架，让我丢尽脸面。他们都已经这样了，我也要按照我的想法生活”这样的想法，所以除非万不得已，否则父母一定要稳住孩子的情绪，强调一定要为实现自己的梦想和规划而努力，不要轻言放弃。

当父母身上突发变故，例如，父母感情问题、爸爸失业等这样的变化，孩子就会埋怨父母或者深陷自责。越是这种时候越要让孩子回想自己的规划，要帮助孩子正确认识家庭出现的问题和自身处境，让孩子集中精力去考虑自己想要实现的梦想和现实之间的差异。孩子要在现在所处的位置上把握可以控制的变数，并竭尽全力去实践。换句话说，要让孩子找到可以完成自己目标的方法。如果孩子的未来规划和目标明确，就可以克服眼前的困难，树立一定可以实现梦想的坚定信心。

家庭出现问题时，孩子常常会因为家庭的氛围而一个人舔舐伤口，或者因为“说了也没有办法改变事实”的想法而放弃尝试和父母对话。这时，父母可以通过提出各种问题，让孩子自由发挥，解决问题，进而帮助孩子从自己的小世界中走出来，尝试和他人沟通。

孩子沉迷于网络、智能手机、玄幻小说

中学生×××下课一回到家就会打开电脑。这个孩子喜欢玩一种射击游戏。他所操作的游戏人物，向敌军的头部进行了瞄准射击，画面一下子就被血色渲染。因为父母要工作到很晚才回家，所以大部分时间，这个孩子都会废寝忘食地玩游戏。他的学习成绩一落千丈，游戏排名越高，学校的成绩排名就越往下降。

住在首尔的×××，去年5月在和父亲发生争执后突然引起了痉挛，失去了意识，就因为父亲没收了他的智能手机。被夺走手机的孩子号啕大哭，最后口吐白沫，昏了过去。幸好急救车及时赶来，才没有生命危险。父亲打电话咨询了教育专家，很担心地说："把手机还给孩子，又

怕孩子继续沉迷于智能手机，不知道应该怎么办。”

孩子沉迷于网络游戏已成为很严重的问题。英国一家期刊刊登的文章表示，大部分网络成瘾者都不认为自己已经成瘾，还指出“网络使用者中有10%、约200万人网络游戏成瘾”。也就是说成瘾的范围越来越广，问题越来越严重。而200万名成瘾者中一半以上是青少年。处在这个年龄的人本应该感受世界的各种美好，但是却沉迷于现实和虚幻之间，精神和肉体都在颓废，这也是社会的一个巨大损失。最近不仅仅是网络游戏成瘾，还有很多孩子沉迷于玄幻小说和网络聊天。

孩子沉迷于某种事物的时候，父母首先要区分这些事物的好处和坏处。刚开始成瘾的孩子可能根本就听不进去父母的劝告，表示自己并不是成瘾，而是通过这些来减压。如果是爱玩网络游戏，父母先不要断定孩子已经成瘾，而是从“游戏可以提高智力”开始，去接纳和认同游戏的优缺点。接着，父母要让孩子认识到大部分游戏是以商业盈利为目的，而且这其中含有的不良因素不会对他们提高智力有任何帮助。

如果认为孩子像前例那样已经上瘾，首先要看一看孩子上瘾的程度是不是已经到了必须接受治疗的地步。如果觉得还不是十分严重，那么不要一味地禁止孩子玩游戏，而是适当允许。这时需要通过下面这样的问题，听一听孩子内心的想法，逐渐改善成瘾的情况。

例如，可以问孩子“你每天花费6小时以上废寝忘食地玩游戏，是不是想今后成为世界最优秀的专业电游选手？如果你有这样的想法，爸爸一定会力挺你。”如果孩子根本没有这样的想法，就会说：“爸爸，我没有想过成为电游选手，只是觉得好玩，不知不觉就过了那么长时间。”对此父母可以回答：“是吗？那么爸爸希望你能把游戏当作是兴趣，适当地减少玩游戏的时间，而把时间用在对你将来有帮助的事情上。”父母需要像这样为孩子找到能量宣泄的出口。

直到现在，我还会花费一些时间看武侠小说或者漫画书。因为这样可以缓解工作的压力，也能从中获得灵感。

但是这并不意味着我想成为写武侠小说的人或者漫画家，这只是我的兴趣。所以父母在认为孩子沉迷于网络或者玄幻小说的时候，也可以让孩子将这些与自己的未来规划或梦想联系在一起，以此来获得更积极向上的结果。

在和孩子聊天的时候，多使用带有请求的语气，这比指示的语气更有效。如果想要更有效地指导上瘾的孩子，父母就要认同孩子的热情。孩子在现实世界遇到了意想不到的问题，此时父母应该阶段性地指导孩子应采取怎样的行动，这样孩子才能更好地成长和自我发展。所以对待成瘾的孩子，父母要从家庭的角度出发，让孩子重新想一想人生的方向和目标，并追求真正的人生目标，引导孩子自己从泥泞中走出来。父母只能从旁帮助孩子，真正做到戒瘾还是要靠孩子自己的意志。

其实孩子的成瘾都是源于日常习惯。例如，如果是智能手机上瘾的孩子，父母可以指定五个正确使用智能手机的准则，以此来矫正孩子，让孩子养成正确使用手机的习惯。然后日日实行这个准则，并根据结果可以给予孩子适当的奖励，让孩子渐渐地改变习惯。

父母要记住，如果孩子对某些东西成瘾，那么抛开父母的因素，从外部寻找解决的方法是对问题没有任何帮助的。父母的指导目标不在于极端分离，而在于调节。

孩子成绩持续下滑

“我不知道学习有什么用。一打开课本我就头痛，无论我怎么努力也没有用。学习并不是我生命中的全部。这样死记硬背对我有什么用呢？妈妈都不知道我想干什么，只知道让我读书。妈妈越是这样我越不想学。”

“上次期中考试的时候，我真的每天都在很认真地学习，但是成绩还是不理想。之后一到快要考试的时候，我就希望生病，头也好像要炸开了一样。即使那么努力，成绩也不理想，这让我特别烦躁。背过的东西，第二天醒来也都忘了。这次期末考试如果又考砸了该怎么办？”

孩子的教育需要家庭、学校、社会齐心协力。但是传统家族制度的消失、已婚女性就业率增加，使得本来在家庭中充当教育孩子角色的父母、祖父母无法再继续教育孩子，家庭的教育机能已经变得脆弱了。再加上教育内容和方法越来越要求专业性和深度，父母亲自指导孩子的学习变得越来越困难。但在这样的情况下，父母参与学校教育却越来越被重视。

孩子的成绩下降时，父母要先审视自己是否正确而又认真地履行了自己的职责。父母没能正确履行自己的职责，或者因为家庭暴力、嗜酒、矛盾等问题而无法真正地履行职责，孩子当然就会身处于不安之中。

因此，父母要注意避免让孩子看到自己消极的状态，也要尽量去摆脱这种状态。在进行学习指导之前，首先要从心理方面和孩子建立更为稳定的关系，抚慰孩子不安的情绪。如果孩子倾诉了自己的苦恼，要欣然地去倾听，以一贯的、客观的态度让孩子形成稳定的信任感。

对从小缺乏自信的孩子，父母不要从一开始就想通过学习成绩来提高他们的自信，而是从小事，如遵守时间、对话的时候尊重对方的感情等，来培养孩子积极的生活态度。如果是成绩本来就很优秀，但是因为父母过高的期待和压制导致学习成绩下降的孩子，父母要通过真诚的对话，帮助孩子消除累积在心里的不满，然后再让孩子一点点地规划自己的未来，全面提高孩子的学习动机。这时父母可以说像“你很重要”“不要和别人比，而是要战胜自己”这类的话，帮助孩子重拾自信。

先从情绪上抚慰孩子的心灵，然后再进入正题。父母要先向孩子说明学习的意义，将梦想和学习联系在一起，让孩子可以认同和接受这样的理由。那些没有目标意识，或者认为树立自我、寻找人生的目标很困难的青少年，往往到了二三十岁都未能完成自己应该在青少年时期完成的课题，彷徨失措地过着人生。

父母要帮助孩子认真地想一想为什么要学习，要让孩子认识到读书不是为了父母，而是帮助自己开辟独立自主的人生，由此来改变孩子的学习态度。

帮助孩子养成良好的学习习惯也是很重要的。父母可以帮助孩子设定对学习成绩有重要影响的、有效的学习方法，并通过数据使这种方法变得具体化。例如“每周三花1小时整理做错的数学题”“做阅读理解时在核心单词上画线”“每周看一部英语动画片”“睡觉前要准备好第二天要用的书，再一次确认作业有没有做完”等。要引导孩子设定这些行为准则，并进一步实行。

虽然在学业上花了很多时间，但是成绩却不理想，这时父母就要在孩子学习的时候对孩子进行细致观察和分析。如果有些练习对学习成绩没有什么影响，那么就要果断地放弃，引导孩子将精力更多地集中在核心内容和方法上。只有这样才能获得与努力相符的成绩，防止孩子对学业失去兴趣。

另外，在和成绩差的孩子聊天的时候，父母可能会觉得自己无法为孩子提供帮助。这时可以找一些专家，也可以打听一下孩子的老师或者好朋友的父母的电话，经常和他们取得联系，分享教育经验。